Edition philosophie Magazin: eine exklusive Auswahl zentraler philosophischer Texte durch das »philosophie Magazin«.

Mit den ungekürzten Originaltexten sowie

– einer sachkundigen Einführung in Werk und Vita
– einer Zeitleiste zu Leben und historischem Kontext
– Erläuterungen der Grundbegriffe des jeweiligen Werks
– mit Beiträgen von Manfred Schneider, Hilal Sezgin sowie Jean-Didier Vincent zur bleibenden Bedeutung des Werks

Mit Descartes' ›Meditationen‹ und seinem ›Discours‹ beginnt die neuzeitliche Philosophie. Mit seinem radikalen Skeptizismus sucht Descartes nach einem unerschütterlichen Fundament, auf das man bauen kann. In seiner berühmten Formulierung lautet es: »Ich denke, also bin ich« (cogito ergo sum).

*Weitere Informationen, auch zu E-Book-Ausgaben, finden Sie bei www.fischerverlage.de*

René Descartes

# Meditationen und Discours

Mit einer Einführung und
begleitenden Texten

Herausgegeben von
Edition philosophie Magazin

FISCHER Taschenbuch

Erschienen bei FISCHER Taschenbuch,
Frankfurt am Main, März 2016

© 2016 S. Fischer Verlag GmbH,
Hedderichstr. 114, D-60596 Frankfurt am Main
Satz: Dörlemann Satz, Lemförde
Druck und Bindung: CPI books GmbH, Leck
Printed in Germany
ISBN 978-3-596-03555-7

# Inhaltsverzeichnis

Einleitung
Von Emmanuel Fournier . . . . . . . . . . . . . . . . . . VII

Daten zu Descartes' Leben . . . . . . . . . . . . . . . . XII

Daten zum geschichtlichen Kontext . . . . . . . . . . . XIII

Descartes' Grundbegriffe
Von Pierre Guencia . . . . . . . . . . . . . . . . . . . . . XIV

Stimmen zu Descartes' Bedeutung . . . . . . . . . . . . XIX

Einführung in die »Meditationen«
Von Denis Moreau . . . . . . . . . . . . . . . . . . . . . XXII


René Descartes
Meditationen

Untersuchungen über die Grundlagen der Philosophie . . 1

Widmung . . . . . . . . . . . . . . . . . . . . . . . . . . . 1

Vorwort an den Leser . . . . . . . . . . . . . . . . . . . . 6

Inhaltsübersicht . . . . . . . . . . . . . . . . . . . . . . . 9
  1. Ueber das, was in Zweifel gezogen werden kann . . . 12
  2. Ueber die Natur der menschlichen Seele,
     und dass sie uns bekannter ist als ihr Körper . . . . . 17
  3. Ueber Gott, und dass er ist . . . . . . . . . . . . . . 26
  4. Ueber das Wahre und Falsche . . . . . . . . . . . . 41
  5. Ueber das Wesen der körperlichen Dinge und
     nochmals über Gott, dass er besteht . . . . . . . . . 50
  6. Ueber das Dasein der körperlichen Dinge und
     den wirklichen Unterschied der Seele vom Körper . . 56

Anhang. Die auf geometrische Art geordneten Gründe, welche das Dasein Gottes und den Unterschied der Seele von ihrem Körper beweisen. . . . . . . . . . . . . . . . . . 73

    Definitionen . . . . . . . . . . . . . . . . . . . . . . . . . 73

    Heische-Sätze (Postulate) . . . . . . . . . . . . . . . . . 75

    Grundsätze (Axiome) oder Gemein-Begriffe . . . . . . 77


Discours
Abhandlung über die Methode, richtig zu denken und Wahrheit in den Wissenschaften zu suchen.

Vorwort . . . . . . . . . . . . . . . . . . . . . . . . . . . . . 85

Erster Abschnitt . . . . . . . . . . . . . . . . . . . . . . . . 85

Zweiter Abschnitt . . . . . . . . . . . . . . . . . . . . . . . 92

Dritter Abschnitt . . . . . . . . . . . . . . . . . . . . . . . 100

Vierter Abschnitt . . . . . . . . . . . . . . . . . . . . . . . 106

Fünfter Abschnitt . . . . . . . . . . . . . . . . . . . . . . . 113

Sechster Abschnitt . . . . . . . . . . . . . . . . . . . . . . 126


Editorische Notiz . . . . . . . . . . . . . . . . . . . . . . . 139

# Einleitung
## Von Emmanuel Fournier

»Maskiert gehe ich meinen Weg.« Indem er aus seinem Leben ein Rätsel machte, hat René Descartes zahlreiche Biographen in Ratlosigkeit gestürzt. Es ist verständlich, dass sich mit diesem Bild des Rückzugs vor den Blicken der Mitmenschen ein Missverständnis etablieren konnte: Wenn Descartes im Verborgenen lebte, heiße das, dass er etwas zu verbergen hatte. Mitglied einer Geheimgesellschaft, Libertin, der geschickt seine Überzeugungen kaschierte. Der Verfasser der »Abhandlung über die Methode« war eine Persönlichkeit, wie geschaffen dafür, dass sich um seinen Namen Legenden ranken.

Geboren wird er am 31. März 1596 in La Haye, einem Städtchen in der Touraine, das inzwischen nach ihm benannt ist. Sein Vater Joachim ist Rat am Obersten Gerichtshof von Rennes. Seine Mutter, Jeanne Brochard, stammt aus einer angesehenen Ärztefamilie. Sie ist – Ironie des Schicksals – von eher zarter Gesundheit, und der junge René kommt um das mütterliche Erbe nicht herum. Erst mit mehr als 20 Jahren bekommt er den blassen Teint und den trockenen Husten los, die ihn seit der Kindheit begleitet haben. Seine schwache Konstitution wird zum Trumpf, als Descartes mit elf Jahren ins Jesuitenkolleg von La Flèche eintritt. Er bekommt dort eine Vorzugsbehandlung: Während seine Kameraden jeden Morgen um fünf Uhr aufstehen, um am gemeinsamen Gebet teilzunehmen, gesellt er sich nicht vor zehn Uhr zur restlichen Truppe hinzu, nach mehreren Stunden des Sinnierens im Bett.

Beim Austritt aus dem Kolleg entschließt sich Descartes, vermutlich dem Willen seines Vaters nachgebend, zu einem Studium der Rechte in Poitiers. Doch den jungen Mann dürstet es nach Abenteuern. Nach so vielen Jahren, die er in der stickigen Atmosphäre der Bibliotheken verbrachte, will er gern reisen, andere Sitten und Bräuche entdecken. Das Einzige, was ihn fortan interessiert, ist jenes »große Buch der Welt«, das er Jahre später in der »Abhandlung über die Methode« erwähnt. Mit 21 Jahren verdingt er sich in den Niederlanden als Freiwilliger im Heer von Moritz von Nassau, damals Prinz von Oranien.

## Die Mathematik als Triebkraft

Die Erfahrung erweist sich als Desaster. Er, der seit dem Kolleg immer in die Gunst eines Zimmers gekommen war, in das er sich zurückziehen konnte, fühlt sich verloren inmitten von Landsknechten, deren Rohheit und Unwissenheit ihn deprimieren. Nach zehn Monaten Selbstquälerei irrt er ziellos durch die Straßen von Breda, als sich eine Begegnung ereignet, die sein Leben verändert. Der junge Mann heißt Beeckman. Kaum älter als Descartes, ist er auf der Höhe der wissenschaftlichen Arbeiten seiner Zeit und offenbart dem künftigen Denker, was dieser noch nicht weiß: dass zahlreiche physikalische Probleme mittels mathematischer Formeln gelöst werden können. Die Überlegungen des jungen Franzosen mit dem Ziel einer Ausweitung der mathematischen Gewissheit auf das gesamte Wissen haben hier zweifelsohne ihre Wurzeln.

Für den Augenblick zerstreut er sich auf Reisen. Er bricht nach Deutschland auf, wo sich der Dreißigjährige Krieg anbahnt, um sich im bayerischen Heer zu verpflichten und an den Schlachten teilzunehmen. Später wird er sagen, er sei nicht »unempfänglich für den Ruhm« gewesen. Doch in diesem Bereich wie in anderen zeigt Descartes die Unstetheit der Passionierten: schnell begeistert, schnell enttäuscht. Rasch vergeht ihm die Lust, sich zu schlagen. Er ist in Neuburg, an den Ufern der Donau, als sich ein Ereignis zuträgt, das ihn in seiner wissenschaftlichen Berufung bestärkt. In der Nacht vom 10. zum 11. November 1619 hat er eine Reihe von Träumen, die er als hinreichend wichtig beurteilt, um sie gleich am nächsten Morgen in einem Abschnitt seines Notizbuchs, den er »Olympica« nennt, zu beschreiben. Diese Träume symbolisieren die Zweifel des Philosophen, der sich anschickt, die Welt nach anderen

Schemata zu denken als den aus der göttlichen Offenbarung übernommenen. Sie bringen seine Berufung an den Tag. Er verlässt die Armee, um sein Leben künftig der Wissenschaft zu widmen.

Im Herbst 1623, noch immer auf der Suche nach neuen Erfahrungen, begibt sich der Philosoph nach Italien, jenem Land, »wo stets tagsüber unerträgliche Hitze und abends ungesunde Frische herrschen, und wo die Dunkelheit der Nacht Diebstahl und Mord birgt«. Er geht dort in Gelehrtenkreisen ein und aus, wie er es auch nach seiner Rückkehr in Paris tut. Doch seine Arbeiten schreiten kaum voran, da er sich nicht zurückziehen kann, um seine Überlegungen zu vertiefen und auszuarbeiten. Er beschließt also, sich in der Bretagne auf dem Lande einzurichten. Unglücklicherweise muss er sich dort mit einem gesellschaftlichen Leben und mit sozialen Gepflogenheiten auseinandersetzen, die ihn beinahe Paris nachtrauern lassen. Überzeugt davon, in Frankreich keinen Hort des Friedens zu finden, bricht er Ende 1628 wieder in die Niederlande auf. Er hat sie als Land in Erinnerung, in dem es jedem freisteht, seinen Angelegenheiten nachzugehen, ohne sich um die von anderen kümmern zu müssen. Descartes beendet hier seine Wanderjahre. Er kehrt nur dreimal nach Frankreich zurück, ohne je lange zu bleiben.

Während seiner Jahre in den Niederlanden wechselt der Philosoph oft seinen Wohnsitz. So oft, dass Adrien Baillet, sein erster Biograph, sein Einsiedlertum beschrieben hat als ein Leben »ohne etwas Beständigeres, als es die Israeliten auf ihrem Zug durch die arabische Wüste hatten«. Was gleichwohl sein Werk nicht daran hindert, Gestalt anzunehmen. 1633 beendet er den Text, an dem er seit seiner Ankunft arbeitet. Die »Abhandlung über die Welt« unterstützt die Theorie der Bewegung der Erde. Doch im gleichen Jahr wird Galilei für eine identische These verurteilt. Descartes verzichtet aus Angst vor einer Kontroverse auf die Publikation. Er zieht es vor, die Öffentlichkeit auf anderen Wegen zu erreichen. Im Juni 1637 erscheint anonym die »Abhandlung über die Methode«, 1641 mit den »Meditationen« ein Werk, das Epoche machen sollte.

Er hätte, nachdem er endlich das lange herangereifte Werk veröffentlicht hatte, seinen Frieden finden können, doch wird er brutal mit dem Verlust zweier enger Angehöriger konfrontiert. Einige Jahre zuvor war ihm aus einer Beziehung zu einer Bediensteten eine Tochter geboren worden. Eine vorübergehende Beziehung, zu der Descartes vermerkte, »dass das Kind in Amsterdam am Sonntag, dem 15. Oktober des Jahres 1634 gezeugt wurde«. Der Tod seiner Tochter Francine 1640 und einen Monat später der seines Vaters sind für den Philosophen entsetzlich harte Prüfungen. Nichts kann ihn von seinem Kummer ablenken, nicht einmal die Debatten des intellektuellen Lebens. Seine Thesen sind weit davon entfernt, unter den Theologen einhellige Zustimmung zu finden: Man ist beunruhigt, dass der Zweifel und die Skepsis in seinen Schriften eine solche Wichtigkeit einnehmen, was ihn schließlich den Kirchenoberen verdächtig macht. Noch im Jahr 1640 wird, ohne dass er benachrichtigt wird, in Paris vom Jesuiten Bourdin eine öffentliche Diskussion seiner Philosophie organisiert. Im folgenden Jahr übernehmen die holländischen Theologen mit doppelter Heftigkeit: Gisbert Voetius, der größte Eiferer unter ihnen, beschuldigt Descartes gar des Atheismus. Geduldig antwortet der Philosoph seinen Widersachern. Die Polemik setzt sich mehrere Jahre lang fort, um nach einer Intervention des Prinzen von Oranien schließlich abzuebben.

Descartes wäre zweifellos in seiner Wahlheimat gestorben, hätte er im Herbst 1649 nicht der dringlichen Einladung der Königin Christina von Schweden Folge geleistet. Es dauert nicht lange, bis er sich über seinen Fehler klar wird. Während er für gewöhnlich nachts zehn Stunden schläft und seinen Geist noch mehrere Stunden schweifen lässt, bevor er sich aufrafft, muss er nun jeden Morgen um vier Uhr aufstehen, um die Herrscherin in die Feinheiten seiner Metaphysik einzuweihen. Bald hat er nur noch einen Gedanken im Kopf: seinen friedlichen Ruhestand wiederzufinden. Doch die Temperaturen im hohen Norden lassen ihn zu Eis erstarren, und am 2. Februar 1650 manifestiert sich eine Lungenentzündung. Nach tagelangen Unterredungen mit dem Leibarzt der Königin über das Für und Wider des Aderlasses stirbt Descartes am 11. Februar im Morgengrauen, ohne Zeit zur Beichte gehabt zu haben.

Das gesamte Dasein des Philosophen konzentriert sich in dieser Episode: Seine letzten Worte »Nun, meine Seele, heißt es Abschied nehmen« hätten die eines Gläubigen sein können oder die eines Gelehrten, der mit einem ausländischen Kollegen debattiert. Descartes hat den Glauben seiner Kindheit nie aufgegeben. Wissenschaft und Religion, dachte er, schließen sich nicht aus: Sie stützen und vervollständigen sich gegenseitig. Doch durch diese letzte Pirouette des Schicksals hat er es geschafft, bis zum letzten Atemzug den Zweifel an der Ernsthaftigkeit seines Glaubens am Leben zu halten.

# Daten zu Descartes' Leben

**1596** René Descartes kommt am 31. März als drittes Kind eines Gerichtsrats in La Haye en Touraine zur Welt

**1604** Er wird Internatsschüler eines Jesuitenkollegs, wo er eine klassische sowie mathematische Ausbildung erhält

**1618** Descartes widmet seinem Freund Isaac Beeckman sein erstes naturwissenschaftliches Werk »Leitfaden der Musik«

**1625** Descartes lässt sich in Paris nieder und tritt in Austausch mit verschiedenen Intellektuellen. Er verkehrt in gehobenen Kreisen

**1629** Descartes verkauft seinen Besitz in Frankreich und zieht in die republikanischen Niederlande, wo er sich mehr Gedankenfreiheit erhofft

**1637** Anonym veröffentlicht Descartes die »Abhandlung über die Methode«, um weitere Konflikte mit der Kirche zu vermeiden

**1641** In Paris erscheint sein Hauptwerk »Meditationen über die Erste Philosophie«

**1644** Er veröffentlicht »Die Prinzipien der Philosophie«. Wie immer verfasst er sein Werk nicht in seiner Muttersprache, sondern in Latein

**1650** Descartes stirbt in Stockholm, vermutlich an seinem Lungenleiden. Bis heute ranken sich Gerüchte um einen vermeintlichen Gifttod

# Daten zum geschichtlichen Kontext

**1598** Henri IV. unterzeichnet das Edikt von Nantes zur Anerkennung der Religionsfreiheit für Anhänger der Reformation. Zeitgleich Höhepunkt der Hexenverbrennung

**1618** Mit dem Ständeaufstand in Böhmen beginnt der Dreißigjährige Krieg

**1620** Francis Bacon veröffentlicht sein »Novum organon scientiarum«

**1633** Verurteilung Galileis durch die Kirche, da in einem seiner Werke das Weltbild des Kopernikus dem des Ptolemäus als überlegen dargestellt wird

**1637** Der niederländische Forscher Isaac Beeckman stirbt in Dordrecht, ohne sich mit Descartes nach einem Zerwürfnis versöhnt zu haben

**1643** Geburt von Isaac Newton

**1648** Ende des Dreißigjährigen Krieges mit der Verkündung des Westfälischen Friedens

**1663** Verbot der kartesianischen Schriften durch die katholische Kirche

# Descartes' Grundbegriffe
Von Pierre Guencia

Descartes begründet eine neue Erkenntnistheorie und eine neue Metaphysik: der Körper als Maschine, die Seele als Refugium des freien Willens, der Mensch als mysteriöse Einheit von Körper und Seele.

## Ich denke, also bin ich

Die sogenannte Cogito-Formel ist der bekannteste Ausspruch des Philosophen. Descartes' Argumentation lässt sich dabei wie folgt zusammenfassen: Selbst wenn ich mich bemühen würde, an allem zu zweifeln: an der Existenz wahrer Dinge außerhalb von mir, an der Existenz jenes Körpers, den ich für den meinen halte, und selbst an den einfachsten Wahrheiten wie zwei plus zwei gleich vier, ist der Gedanke »Ich denke, also bin ich« ein Satz, dessen Wahrheit ich mit der größten Gewissheit äußern kann. Denn auch wenn ich an all den oben genannten Dingen zweifeln kann, kann ich nicht daran zweifeln, dass ich zweifle und dass ich, der ich zweifle, etwas bin und nicht nichts. Es ist logisch unmöglich, dass ich nicht bin, wenn ich denke, dass ich bin: Die Gewissheit meiner Existenz hängt also von der Gewissheit des sich in mir vollziehenden Aktes des Denkens ab. Seit dieser Satz geäußert wurde, fühlten sich die Philosophen ständig von der Form der kartesianischen Argumentation bedrängt, in der sie einen verborgenen Sophismus vermuteten, doch waren sie auch erstaunt über die unendliche Ergiebigkeit einer dem Anschein nach so schlichten Formel. Es ist nicht übertrieben zu behaupten, die gesamte moderne Philosophie sei aus ihm hervorgegangen. Descartes glaubte also nicht zu Unrecht, mit dieser ersten Wahrheit den »festen Grund«, das Fundament gefunden zu haben, auf dem sich ein klares und wahres Denken errichten ließe.

## Die Einheit von Seele und Körper

Zwei Erkenntnisse hält Descartes in Bezug auf die Seele (bzw. den Geist) für gegeben: 1. Sie ist eine Sache, die denkt; 2. Sie ist mit einem Körper vereint und bildet mit ihm ein einziges Ganzes. Obwohl Descartes von einem Dualismus zwischen Leib- und Seelensubstanz ausgeht, betont er dennoch die Einheit beider Substanzen im Menschen. Jenen, die nicht verstehen, wie zwei so unterschiedliche Dinge wie die Seele und der Körper aufeinander einwirken können, entgegnet der Liebhaber klarer und deutlicher Ideen stets: Weder Räsonieren noch der Vergleich mit etwas anderem könnten uns das begreiflich machen, sondern allein die unbezweifelbare Erfahrung dieses Wirkens, die ein jeder macht, wenn er seinen Arm oder sein Bein bewegt oder einen Schmerz verspürt. Der Mensch ist für Descartes nämlich – entgegen einem hartnäckigen Missverständnis – kein Geist, der in einem Körper haust, sondern eine Realität besonderer Art, die sich nicht auf eine der Substanzen, aus denen er zusammengesetzt ist, reduzieren lässt. Die Seele ist im ganzen Körper gegenwärtig (und nicht nur in der Zirbeldrüse, in der sie die aus allen Körperteilen kommenden Informationen empfängt), umgekehrt ist der Körper immer mein Körper, ebenso unteilbar wie die Seele.

## Die Idee von Gott

Im Unterschied zu den Scholastikern, die in ihrem Erkenntnisstreben von der Welt ausgehen, um sich Gott immer weiter zu nähern, betrachtet Descartes nur die Ideen, die er in sich findet und die »wie Gemälde oder Bilder der Dinge« sind. Jede Idee repräsentiert etwas – seien es reale Dinge (ein Baum, ein Mensch usw.), seien es Fiktionen (eine Meerjungfrau zum Beispiel), sei es eine wahre Natur, wie die Idee eines Dreiecks oder die Idee von Gott. Genauso wenig, wie ein Dreieck ohne seine Grundeigenschaften gedacht werden kann, kann Gott ohne seine

Hauptattribute gedacht werden, die zu einem einzigen vereint werden können: der Vollkommenheit seiner Natur. Gott ist jenes einzigartige, unendliche Wesen, dem es an nichts fehlen kann. Dem Menschen mangelt es nun an allen (oder fast allen) Vollkommenheiten, die zu einem unendlichen Wesen gehören. Der Geist, der endlich ist, folgert Descartes, kann die Idee von einem unendlichen Wesen also nicht gänzlich selbst konstruiert haben. Diese in ihm vorhandene Idee des Unendlichen, in Gestalt Gottes, repräsentiert ferner ein wahrhaftiges und notwendiges Sein und nicht etwa eine Fiktion oder auch ein zufällig existierendes Ding wie einen Baum oder einen Menschen. Descartes' Beweise für die Existenz Gottes sind sehr komplex und bedürfen der Kenntnis der gesamten kartesianischen Philosophie. Festzuhalten ist, dass die Idee von Gott oder vom Unendlichen die höchste von allen Ideen ist, die der menschliche Geist konzipieren kann, und dass er gerade in der Fähigkeit, diese Idee klar zu erfassen, das Zeichen einer höheren, anderen Macht in sich trägt. Die Lehre aus der kartesianischen Meditation über Gott ist damit auch, dass ein endliches Wesen sich nicht selbst denken kann, ohne sich auf die Idee von einem unendlichen Sein zu beziehen.

## Freiheit und Edelmut

In seinen »Meditationen« hat Descartes gezeigt, dass der freie Wille lediglich darin besteht, eine Sache eher als eine andere zu wählen. Folgende Tatsache nämlich lässt sich mehr als jede andere unzweifelhaft erkennen: Entscheiden wir uns in einer Situation eher für A als für B, verspüren wir keinen Zwang. Wir nehmen sie frei und willentlich vor. Das einzige Problem, auf das der Mensch trifft, besteht also nicht darin, zu wissen, ob er »wirklich« frei ist, sondern darin, von jener Freiheit (bzw. jenem Vermögen, das zu wählen, was er in sich fühlt) guten Gebrauch zu machen, indem er eher das Wahre als das Falsche, eher das Gute als das Schlechte wählt. Doch hier ist jeder die

Regel seiner selbst, kann nur auf seine eigenen Erkenntnisse und Kräfte zählen – andernfalls wäre er ja nicht frei. Diese Möglichkeit, uns durch uns selbst zu bestimmen, ist für den Philosophen wahrlich eine wunderbare Sache. Sie macht uns Gott ähnlich, emanzipiert uns von ihm, aber erlaubt es andererseits auch, die Vernunft seiner Gesetzgebung vernünftig nachzuvollziehen. Das Einzige, das uns einen wahren Grund geben kann, uns selbst zu schätzen, ist der regelgeleitete Gebrauch unseres freien Willens.

## Die Methode

»Besser ist es, nie nach der Wahrheit zu suchen, als es ohne Methode zu tun.« Die Methode ist für Descartes jener »Weg«, der den Geist von einer Wahrheit zur nächsten führt, regelmäßig fortschreitend von der einfachsten zur komplexesten. Die intellektuellen Fähigkeiten genügen nicht, wenn der Geist nicht geordnet und aufmerksam vorgeht. Eine solche Methode ist bei den Mathematikern gebräuchlich: Indem sie von den einfachsten Dingen ausgehen und nach strengen Herleitungen verfahren, finden sie – keineswegs zufällig – solide Wahrheiten und exakte Beweisführungen. René Descartes, der ein großes mathematisches Talent besaß, strebte stets danach, der Philosophie eine Methode zu geben, die es erlaubt, zu sicheren und klaren Erkenntnissen zu gelangen und sie somit von den endlosen und eitlen »Disputen« zu emanzipieren.

## Der Körper

Descartes glaubte, sämtliche Körperfunktionen besser erklären zu können, indem er den Körper mit einer Maschine oder einem Automaten gleichsetzte. Entgegen den Lehren des Aristoteles ist es für Descartes nicht die Seele, die aus dem Körper einen lebendigen Körper, also einen Leib, macht. Man muss die wichtigsten Körperfunktionen – Verdauung, Bewegung, Atmung, aber auch Gedächtnis und Imagination – erklären können, als ob sie aus einem Mechanismus hervorgingen, den Gott hatte automatisieren wollen, wie eine Uhr, die dazu bestimmt ist, die Stunden anzuzeigen, einzig aufgrund der Anordnung der Rädchen und Gewichte. Die Annahme einer kleinen Seele, die jede wichtige Funktion lenken und sie zur Verwirklichung des Zweckes führen würde, für den sie entworfen wurde, ist folglich nutzlos. Diese mechanistische Herangehensweise in Bezug auf die Sphäre des Lebendigen stellt eines der Schlüsselstücke des kartesianischen Denkens dar. Auf ihr beruht die metaphysische Unterscheidung von Seele und Leib wie auch die Erklärung von deren Einheit innerhalb ein und desselben Wesens – des Menschen. Nicht zuletzt bietet sie den Schlüssel zum Verständnis der menschlichen Emotionen und Leidenschaften. Denn um zu verstehen, wie sich die Leidenschaften in der Seele ereignen und wie man ihnen widerstehen kann, muss zunächst das Wirken des Körpers auf die Seele erkannt werden.

## Zum Werk Descartes'

Aufgrund seiner andauernden Konflikte mit der katholischen Kirche ließ Descartes seine naturwissenschaftliche »Abhandlung über die Welt« unvollendet. Stattdessen arbeitete er an der »Abhandlung über die Methode«. Zu Lebzeiten wurde dieses 1637 anonym veröffentlichte Werk sein größter Erfolg.

## Weiterführende Lektüre

Für einen Überblick eignet sich Hans Poser: »Descartes. Eine Einführung« (Reclam, 2012), empfehlenswert ist zudem der Aufsatzband »René Descartes: Meditationen über die Erste Philosophie« (Akademie, 2009). Zu Descartes' Einfluss auf die Philosophie siehe Hans-Peter Schütt: »Die Adoption des ›Vaters der modernen Philosophie‹« (Klostermann, 1998).

# Stimmen zu Descartes' Bedeutung
## Transparenz für alle
### Von Manfred Schneider

In der Nacht von Sankt Martin 1619 hatte René Descartes einen Traum: Er glaubte von einem Donner zu erwachen, und als er die Augen öffnete, erblickte er lauter feurige Lichtpunkte, die sich von seinem Auge aus im Zimmer verbreiteten. Schon öfters hatte er mitten in der Nacht erlebt, dass ihm seine Augen mit wunderbarer Leuchtkraft Dinge in seiner Nähe erkennbar machten.

Aus diesem Traum ging Descartes' philosophisches Projekt hervor, das Erkennen der Dinge wie das Licht der Sonne arbeiten zu lassen. Die »Meditationen«, die für radikale Klarheit des Denkens sorgen sollten, sind die Gründungsurkunde der philosophischen Transparenz. Für den Denker hieß Transparenz die wesentliche Eigenschaft der Luft. Sie lässt das Licht passieren, anders als das Wasser, das den Lichtstrahl ablenkt. In den »Meditationen« aber ist der Held, der für diese Transparenz sorgt, der Verstand, der auch *lumen naturale* heißt und für Wahrheit sorgt. Die erste Denkregel der dritten Meditation lautet entsprechend: »Alle Dinge, die wir sehr klar und sehr unterschieden erfassen, sind allesamt wahr.« So arbeitet das natürliche Licht des Verstands als Transparenzmaschine, die zwischen hell und dunkel, wahr und falsch, gut und böse unterscheidet und entscheidet.

Heute wird dem Begriff Transparenz erneut eine beispiellose Bedeutung zugeschrieben. Während der Philosoph seinen Optimismus, dass die Welt und der Kosmos völlig begriffen werden können, auf die Technik des Teleskops gründete, hängt unser Transparenz-Optimismus an der digitalen Technologie. Für uns ist Transparenz nur noch eine Metapher des Wissenswunsches. Tatsächlich haben wir den Traum totalisiert: Wir wollen bis in den Anfang des Kosmos blicken, wir wollen die Operationen des Gehirns beobachten, und wir wollen die Rätsel der Materie lösen. Allerdings sorgt nicht mehr das *lumen naturale* für das tiefste Erkennen, sondern Computerberechnung. Vielleicht hatte Descartes, der geniale Mathematiker, auch bereits diese Erkenntnis.

Manfred Schneider ist Professor für Germanistik und Ästhetik an der Ruhr-Universität Bochum. Im Herbst 2013 erschien sein Buch »Transparenztraum – Literatur, Politik, Medien und das Unmögliche« (Matthes & Seitz)


# Tierischer Irrtum
## Von Hilal Sezgin

Schweine erkennen sich selbst im Spiegel, Krähen lassen Nüsse von Autos knacken, und Elefanten trauern, wenn ein Mitglied der Herde gestorben ist: Bei jeder Meldung zu den kognitiven und emotionalen Leistungen der Tiere sind wir beeindruckt und bewegt, dass Tiere so vieles vermögen, was man ihnen gar nicht zugetraut hätte. Aber warum eigentlich? Ist es denn überraschend, dass Herdentiere sozial empfinden oder dass intelligente Tiere ihre Umgebung erforschen und nutzen? In jedem solchen Staunen zeigt sich der Nachhall von Descartes' Ansicht, dass das Innere der Tiere mit einem Uhrwerk zu vergleichen sei (und ihre Schmerzensschreie mit dem Quietschen eines Rades). Erst langsam strampeln sich Philosophie und Biologie von dem Joch frei, das diese Lehre unserem Denken übers Tier auferlegt hat. Nicht nur Jane Goodall berichtete, wie oft sie der Vermenschlichung gescholten wurde, weil sie den beobachteten Schimpansen Namen gab statt Nummern. Bis heute halten sich Forscher bedeckt, wenn sie von tierischen Freundschaften sprechen, und nennen sie lieber »enge Sozialkontakte unter nichtverwandten Tieren«. Doch die Evolution hat nicht alle Subjektivität, alle Gefühle, alles Denken auf einen Schlag erschaffen, und zwar zufälligerweise mit dem Erscheinen des Menschen. Sondern wir teilen Empfindungsfähigkeit und subjektives Bewusstsein mit unseren tierischen Verwandten. Unsere Moral muss lernen, dem Rechnung zu tragen.

Hilal Sezgin ist studierte Philosophin und freie Publizistin. Zuletzt erschien von ihr »Artgerecht ist nur die Freiheit. Eine Ethik für Tiere oder Warum wir umdenken müssen«.

# Visionäre Demut
## Von Jean-Didier Vincent

Descartes, so könnte man fast sagen, war der Wegbereiter der Neurowissenschaften. Wenn er von der Seele sprach und sie vom Körper unterschied, mit dem er sie nur über die »Zirbeldrüse« verbunden sah, dann nur, um sie beiseitezuschieben. Diese Sicht hat den Aufstieg der Neurowissenschaften erst möglich gemacht: Sie hat den Weg geebnet für die Vorstellung des Gehirns als Organ, in dem sich das Sein des Subjekts abspielt. Das hindert nicht daran, sich die Existenz einer »Seele« oder eher einer Psyche vorzustellen, die dem Gehirn anhängt und gewissermaßen sein Ausdruck ist und es ihm erlaubt, seinen Schmerz, seine Freude und seine Vorlieben zu zeigen. Hier liegt der Irrtum gewisser Anhänger der Neurowissenschaften, die denken, es würde im Grunde reichen, ein elektronisches Gehirn nachzubilden, um eine menschliche Person zu schaffen. In ihrem selbstgefälligen, illusorischen Triumphalismus bilden sie sich manchmal ein, die neuen Herren über das Wesen des Menschen zu sein. Anders gesagt, die Neurowissenschaftler hätten selbst einiges von Descartes' Schrift »Die Leidenschaften der Seele« zu lernen! Die Wissenschaftler können uns wohl zeigen, wie das Gehirn funktioniert, doch auch wenn sie diese oder jene Fähigkeit an einer bestimmten Stelle verorten, werden sie uns nie erklären können, wie es dazu kommt, dass diesen Hirnarealen die Psyche angebunden ist. Descartes hat uns die schönste wissenschaftliche Lektion erteilt: Das größte aller Rätsel, das unseres tiefsten Wesens, wird die Wissenschaft nie bewältigen können.

Jean-Didier Vincent ist emeritierter Professor für Physiologie und Neurobiologie und einer der führenden Hirnforscher Frankreichs. Von 1991 bis 2004 war er Direktor des Instituts für Neurobiologie des CNRS.

# Einführung in die »Meditationen«
## Von Denis Moreau

Wer bereit ist, das von Descartes vorgeschlagene Spiel mitzuspielen, den erwartet auf den folgenden Seiten ein einzigartiges gedankliches Abenteuer. In den Worten Michel Foucaults präsentieren die »Meditationen« nämlich nicht etwa eine Argumentation, also eine »Menge von Sätzen, die ein System bilden«, sondern er lädt ein zu einem Parcours, zu einer »Menge von Modifikationen, die eine Übung bilden, der jeder Leser nachgehen kann, und die jedem Leser nahegehen kann«. Wer mitspielt, indem er Descartes ins Land des methodischen Zweifelns folgt, erfährt die Befriedigung, eine Art philosophischer Held zu werden. Denn letztlich wird er oder sie Skeptiker aller Couleur und Herkunft besiegen, angefangen mit jener hartnäckigen Stimme, die in jedem von uns schlummert und immer wieder Zweifel anmeldet, ob das, was wir zu wissen glauben, auch wirklich wahr ist.

Alles beginnt mit der Feststellung einer intellektuell unbefriedigenden Situation, die heute so gültig ist wie anno 1641, dem Erscheinungsjahr von Descartes Hauptwerk: Seit unserer Kindheit empfangen wir passiv und in sehr verschiedenen Bereichen eine beträchtliche Anzahl an Informationen. Das Ganze formt sich zu dem Geflecht unserer »Meinungen«. Die Skeptiker profitieren davon, um ihr galliges Süppchen zu brauen, indem sie ganz grundsätzlich fragen: Was sind diese Meinungen wert? Sind sie überhaupt wahr? Und wenn sie wahr werden, wie ließe sich ihre Wahrheit zweifelsfrei beweisen?

Descartes behauptet, dass es sich unbedingt lohne, einmal in seinem Leben (man beachte den einmaligen Charakter des Vorgangs) auf radikale Weise die Frage nach der Wahrheit unserer Meinungen zu stellen. Man lasse sie dafür Revue passieren und untersuche, ob sie dem Feuer aller vorstellbaren Zweifelsgründe standhalten, so extravagant diese auch sein mögen. Dieser große Test des Geistes wird von Descartes methodisch orga-

nisiert nach einem mehrfach zu wiederholenden Dreierschema:
1. Identifizierung eines Bereichs meines (vorgeblichen) Wissens;
2. Aufbietung eines Grundes dafür, diese Inhalte zu bezweifeln;
3. Identifizierung eines neuen Bereichs meines (vorgeblichen) Wissens, der dem vorherigen Zweifelsgrund standhält und gegen den man einen neuen Zweifelsgrund mobilisiert.

Beginnt man mit der gelassenen Sicherheit desjenigen, der meint, für den Moment der Wahrheit bereit zu sein, verkehrt sich das skeptische Verfahren schnell in ein Rückzugsgefecht, schließlich in einen philosophischen Albtraum: Ganze Bastionen des Wissens stürzen zusammen, eingeschlossen die vermeintlich solidesten. Die Vernunft mag noch so sehr versuchen, das Gespenst des Wahnsinns zu bannen, in dem jeder Satz, den ich für wahr halte, sich als falsch erweisen wird. Der Boden beginnt unter den Füßen zu wanken. Und wenn alles nur ein Traum wäre? Oder das Werk eines bösen Zauberers, der mit uns ein ewiges Täuschungsspiel treibt? Um sich vor (möglicherweise falschen) Vorurteilen zu schützen und den Weg der Skepsis konsequent zu Ende zu gehen, muss man sich an den Rand des Wahnsinns begeben, muss man bereit sein, an der Vernunft und der Gesundheit des eigenen Geistes zu zweifeln. Descartes wagt dieses Experiment. Auf der Suche nach einer neuen Philosophie, einem neuen Fundament des Wissens meditiert er sich eine lange Nacht in einen Taumel grundsätzlichster Zweifel und Wahnannahmen.

Im Morgengrauen endlich stößt er auf einen Fakt, der über jeden Zweifel erhaben ist: Um die Operationen des radikalen Zweifelns zu vollbringen, muss das in Frage stehende, denkende und also zweifelnde Subjekt zumindest existieren. Auf den ersten Blick hat die Art und Weise, wie man diese Entdeckung formuliert, wenig Bedeutung: Ich zweifle, also bin ich; »ich denke, also bin ich« (das *cogito ergo sum* aus der »Abhandlung über die Methode«); oder auch, wie im vorliegenden Text, »ich bin, ich existiere« *(ego sum ego existo)*. Diese letzte Formulierung des sogenannten Cogito-Arguments ist vielleicht am bemerkenswertesten. Denn sie beinhaltet das Thema des Denkens nicht eigens, hat nicht die Form einer logischen Ableitung, sondern setzt auf die Schlichtheit eines einmaligen Aktes des Geistes. Sie scheint letztlich den Namen wiederaufzunehmen oder zu verkehren, den sich der Gott der lateinischen Bibel (der, die Descartes las) im 2. Buch Mose (III, 14) gibt: *ego sum qui sum*, »ich bin, der ich bin«. Ich bin, ich existiere: Das ist unbezweifelbar, das ist wahr.

Der Skeptiker ist besiegt, der Leser entschädigt für seine Mühen. Er kann haltmachen und, als Held dieses Tages, den Lauf des gewöhnlichen intellektuellen Lebens wiederaufnehmen. Er kann sich auch dafür entscheiden, Descartes im weiteren Verlauf seiner »Meditationen« zu begleiten, und versuchen, sein vom Zweifel verwüstetes Wissen zu rekonstruieren, sich gar der Existenz Gottes zu versichern. Wenn das kein Ansporn ist!

Gibt es für endliche Wesen wie uns absolute Gewissheiten? Mit den Mitteln der radikalen Skepsis gibt René Descartes der Philosophie ein neues Fundament und wird zum Vater der neuzeitlichen Philosophie. Sein Diktum des »Ich denke, also bin ich« macht das menschliche Bewusstsein zum Ausgangspunkt wahrer Welterkenntnis. Das vernünftige, denkende Subjekt wird zum Maßstab allen Wissens. Angeleitet durch klare, den Idealen von Logik und Mathematik verpflichtete Methoden, soll es Schritt für Schritt auf dem Pfad des Wissens voranschreiten. Bis heute zeigen sich weite Teile unserer Kultur diesem Erkenntnisideal verpflichtet. Wie auch Descartes' strenger Dualismus von Leib und Seele in der modernen Psychologie und Neurowissenschaft kräftig nachhallt.

Descartes' Denken markiert den Anfang einer Moderne, deren Ende in Wahrheit noch lange nicht abzusehen ist.

Denis Moreau lehrt als Philosophieprofessor an der Universität Nantes. Seine Forschungsschwerpunkte bilden die Philosophie der Religion, die Geschichte der klassischen Philosophie sowie René Descartes und der Kartesianismus. Er veröffentlichte zahlreiche französische Editionen der kartesianischen Schriften.

# RENÉ DESCARTES

# MEDITATIONEN: UNTERSUCHUNGEN ÜBER DIE GRUNDLAGEN DER PHILOSOPHIE

# Untersuchungen über die Grundlagen der Philosophie, in welchen das Dasein Gottes und der Unterschied der menschlichen Seele von ihrem Körper bewiesen wird

(Meditationes de prima philosophia, in qua dei existentia et animae immortalis demonstratur)

## Widmung.

*Die Dekane und Doktoren der heiligen theologischen Fakultät zu Paris grüsst René Descartes.*

Ein gerechter Grund bestimmt mich, Ihnen diese Schrift darzubringen, und ein ebenso gerechter wird Sie, wie ich vertraue, zu deren Vertheidigung veranlassen, wenn Sie die Absicht meines Unternehmens vernommen haben werden. Ich kann es deshalb hier nicht besser empfehlen, als wenn ich mit wenig Worten das dabei von mir verfolgte Ziel darlege.

Ich war immer der Ansicht, dass die beiden Fragen über Gott und die Seele die vornehmsten von denen sind, welche mehr mit Hülfe der Philosophie als der Theologie bewiesen werden sollten. Denn wenn auch für uns Gläubigen es genügt, wenn wir glauben, dass es einen Gott giebt, und dass die menschliche Seele nicht mit dem Körper untergeht, so kann man doch die Ungläubigen niemals von einer Religion und einer sittlichen Tugend überzeugen, wenn man nicht zuvor Beides durch natürliche Gründe ihnen bewiesen hat. Denn in diesem Leben hat das Laster oft Aussicht auf grösseren Lohn als die Tugend, und deshalb würden Wenige das Rechte dem Nützlichen vorziehen, wenn sie nicht Gott fürchteten und ein anderes Leben erwarteten. Es ist allerdings richtig, dass man an Gottes Dasein glauben solle, weil die heilige Schrift es so lehrt, und dass umgekehrt man der heiligen Schrift glauben solle, weil wir sie von Gott haben; denn der Glaube ist ein Geschenk Gottes, und wer die Gnade zum Glauben des Einen gewährt, kann sie auch zum Glauben seines eigenen Daseins gewähren; aber dies kann man den Ungläubigen nicht vorhalten, da sie es für einen Zirkelschluss erklären würden.

Ich habe auch bemerkt, dass Sie sowohl wie andere Theologen behaupten, Gottes Dasein könne aus natürlichen Gründen bewiesen werden, und man könne selbst aus der heiligen Schrift zeigen, dass Gott leichter wie viele erschaffene Dinge zu erkennen sei und überhaupt so leicht, dass die, welche diese Kenntniss nicht haben, selbst die Schuld davon tragen. Dies erhellt aus den Worten in dem Buche der Weisheit, Kap. 13: »Doch sind sie damit nicht entschuldigt; denn haben sie so viel mögen erkennen, dass sie konnten die Kreatur hochachten, warum haben sie nicht viel eher den Herrn derselben gefunden?« Auch in dem Briefe an die Römer, Kap. 1, heisst es, »dass sie nicht zu entschuldigen seien«, und die Worte ebendaselbst: »denn dass man weiss, dass Gott sei, ist ihnen offenbar«, scheinen uns zu erinnern, dass Alles, was man von Gott wissen kann, durch Gründe erweisbar ist, die aus der eigenen Vernunft entnommen werden können.

Ich hielt es deshalb für eine lohnende Aufgabe, zu untersuchen, wie dies geschehen kann, und auf welchem Wege Gott leichter und gewisser als die weltlichen Dinge erkannt werde.

Was aber die Seele anlangt, so meinen Viele, dass ihre Natur nicht leicht erkannt werden könne, und Manche haben sogar die Behauptung gewagt, dass nach natürlichen Gründen sie mit dem Körper zugleich untergehen, und das Gegentheil nur auf den Glauben gestützt werden könne. Allein diese Ansicht ist von dem Lateranischen unter Leo X. abgehaltenen Konzil in der 8. Session verurtheilt worden, und die christlichen Philosophen werden da ausdrücklich aufgefordert, jene Behauptungen zu widerlegen und die Wahrheit nach Kräften darzulegen. Deshalb habe ich auch dies mir hier zur Aufgabe gesetzt.

Ueberdies weiss ich, dass viele Gottlose nur deshalb nicht an Gott und an den Unterschied der Seele von dem Körper glauben mögen, weil dies bis jetzt von Niemand habe bewiesen werden können. Diesen stimme ich nun zwar in keiner Weise bei, vielmehr haben meiner Ansicht nach beinahe alle von den grossen Männern dafür vorgebrachten Gründe bei gehörigem Verständniss volle Beweiskraft, und es werden kaum noch neue dafür aufgefunden werden können; allein kein Unternehmen schien mir in der Philosophie nützlicher, als die besten dieser Gründe sorgfältig zu sammeln und so genau und deutlich auseinanderzusetzen, dass sie später für Jedermann als volle Beweise gelten. Auch war es bekannt geworden, dass ich eine Methode zur Auflösung aller Schwierigkeiten in den Wissenschaften ausgebildet habe, die zwar nicht neu ist, denn nichts ist älter als die Wahrheit; aber deren ich mich in anderen Fällen mit Glück bedient habe, und ich wurde deshalb dringend dazu aufgefordert. So habe ich geglaubt, einen Versuch dazu machen zu sollen.

Was ich vermocht habe, ist in dieser Abhandlung vollständig enthalten. Ich habe allerdings nicht alle Gründe, die man beibringen könnte, hier gesammelt; denn dies verlohnt sich nur bei Gegenständen der Mühe, wo man keinen einzigen ganz gewissen Grund finden kann; ich habe vielmehr nur die ersten und vornehmsten aufgesucht, damit ich sie als die gewissesten und überzeugendsten Beweise hinstellen könnte. Auch möchten sie derart sein, dass dem menschlichen Geist kein Weg offen steht, auf dem er je bessere finden könnte; denn die Nothwendigkeit der Sache und der Ruhm Gottes, auf den Alles sich hier bezieht, zwingt mich, hier etwas offener über meine Arbeit mich auszusprechen, als es sonst meine Gewohnheit ist.

So sicher und überzeugend ich diese Gründe nun auch erachte, so mögen sie doch nicht der Fassungskraft Aller angepasst sein. Denn schon in der Geometrie haben Archimedes, Apollonius, Poppus und Andere Manches ausgesprochen, was Alle für überzeugend und gewiss halten, da der Inhalt, für sich betrachtet, leicht zu fassen ist, und das Spätere mit dem Früheren genau zusammenhängt; allein die Beweise sind etwas lang und verlangen einen aufmerksamen Zuhörer, und deshalb werden sie nur von Wenigen verstanden. So mögen auch hier die gebrauchten Beweise den geometrischen an Gewissheit und überzeugender Kraft gleich stehen, ja sie selbst übertreffen, und doch fürchte ich, dass sie von Vielen nicht gehörig erfasst werden, da sie auch etwas lang sind und einer in den anderen greift; aber hauptsächlich weil sie einen vorurtheilsfreien Geist verlangen, der sich leicht der Verbindung mit den Sinnen zu entziehen vermag. Auch sind wohl nicht so Viele zu metaphysischen Untersuchungen wie zu geometrischen geeignet; denn beide unterscheiden sich auch dadurch, dass man bei der Geometrie weiss, es werde nichts behauptet, wofür nicht sichere Beweise vorhanden sind, und Unerfahrene deshalb hier eher darin fehlen, dass sie Falschem zustimmen, in der Meinung, es zu verstehen, als dass sie das Wahre von sich weisen. Dagegen meint man, dass in der Philosophie über Alles für und wider gestritten werden könne; deshalb suchen hier Wenige nach der Wahrheit, und die Meisten streben nur durch dreiste Angriffe gegen alles Gute und Beste den Ruhm des Scharfsinns sich zu erwerben.

Wie also auch meine Beweisgründe beschaffen sein mögen, so werde ich doch, da sie die Philosophie angehen, durch sie nichts Erhebliches erreichen, wenn Sie mich nicht durch Ihre Fürsorge und Ihren Schutz unterstützen. Die allgemeine Achtung vor Ihrer Fakultät ist so gross, und der Name der Sorbonne hat so hohes Ansehen, dass nicht blos in Glaubenssachen nächst den heiligen Konzilien keine Körperschaft solches Vertrauen wie die Ihrige gefunden hat, sondern man erwartet auch in menschlicher Philosophie nirgends grössere Klarheit und Zuverlässigkeit und mehr Rechtlichkeit und Weisheit im Urtheil als bei Ihnen.

Wenn Sie deshalb diese Schrift Ihrer Fürsorge würdigen, so wird sie zunächst ihre Verbesserung von Ihnen erhalten; denn eingedenk meiner menschlichen Natur und hauptsächlich meiner Unwissenheit, behaupte ich nicht, dass sie fehlerfrei sei. Sodann werden Sie das, was noch fehlt, was nicht abgeschlossen ist, was eine weitere Erklärung fordert, hinzufügen, vollenden, erläutern, und geschieht es nicht von Ihnen, so soll es von mir geschehen, nachdem ich von Ihnen belehrt sein werde. Endlich bitte ich, Sie wollen öffentlich erklären und bezeugen, dass die darin vorgebrachten Gründe für das Dasein Gottes und den Unterschied der Seele von dem Körper zu der möglichsten Klarheit erhoben worden und als die schärfsten Beweise anzusehen seien.

Sollte dies geschehen, so werden unzweifelhaft alle Irrthümer, welche über diese Fragen je bestanden haben, binnen Kurzem aus dem Geist der Menschen vertilgt sein. Denn die Wahrheit wird alle anderen gelehrten und scharfsinnigen Männer leicht Ihren Ausspruch unterschreiben lassen, und Ihr Ansehen wird allen Ungläubigen, die meist nur klug scheinen, aber nicht scharfsinnig und gelehrt sind, den Muth zum Widerspruch benehmen; schon damit sie nicht durch Bekämpfung von Gründen, die von allen scharfsinnigen Männern, wie sie wissen, anerkannt sind, sich den Schein der Einfalt aufladen.

Endlich werden alle Uebrigen so vielen Zeugnissen leicht vertrauen, und es wird dann Niemand in der Welt mehr sein, welcher das Dasein Gottes oder den Unterschied zwischen Seele und Körper in Zweifel zu ziehen wagt.

Den hohen Nutzen eines solchen Ergebnisses werden Sie bei Ihrer besonderen Weisheit am besten zu beurtheilen wissen, und es würde mir nicht geziemen, wenn ich Ihnen, die Sie immer die stärkste Stütze der katholischen Kirche gewesen sind, die Sache Gottes und der Religion noch weiter hier anempfehlen wollte, vertrügen sich vollständig, und letztere sei eine neue Stütze Für erstere. Dies zeigt, wie schwer selbst den grössten Männern es wird, den anerzogenen Glauben von sich abzuthun, und zu welchen Kunststücken die menschliche Vernunft sich entschliesst, um eine Versöhnung zwischen Geistern hinzustellen, die doch in Wahrheit aller Versöhnung spotten.

# Vorwort an den Leser.

Schon vor einiger Zeit habe ich die Fragen über Gott und die menschliche Seele in der Abhandlung berührt, welche ich über »die Methode, richtig zu denken und die Wahrheit in den Wissenschaften aufzusuchen«, im Jahre 1637 in französischer Sprache veröffentlicht habe. Es war damals nicht meine Absicht, diese Fragen ausführlich zu behandeln, sondern nur sie zu erwägen und aus den Ansichten der Leser zu erfahren, wie ich sie später zu behandeln hätte. Auch schienen sie mir von solcher Wichtigkeit, dass ich ihre wiederholte Untersuchung für nöthig hielt. Endlich habe ich jetzt bei ihrer Darstellung einen so wenig betretenen und von dem gemeinen Gebrauch so entfernten Weg eingeschlagen, dass es mir nicht zweckmässig schien, es in einer französisch geschriebenen und damit Allen zugänglichen Schrift zu thun, weil dann auch schwache Köpfe sich leicht für berufen halten könnten, diesen Weg zu betreten.

Ich hatte dort gebeten, mir es mitzutheilen, wenn Jemand etwas Tadelnswerthes in meiner Schrift finden sollte. Von allen mir zugegangenen Entgegnungen in Bezug auf diese Fragen sind mir indess nur zwei so erheblich erschienen, dass ich mit Wenigem darauf antworten will, ehe ich auf die genauere Erörterung der Fragen eingehe. Die erste Entgegnung geht dahin, dass, wenn die menschliche Seele bei ihrer Selbstbeobachtung sich nur als denkendes Ding erfasst, nicht daraus folge, dass ihre Natur oder ihr Wesen darin allein bestehe, dass sie ein denkendes Ding sei, mithin nur das Wort »allein« alles Andere ausschliesse, was man auch als zur menschlichen Seele gehörig anführen könnte.

Darauf erwidere ich, dass auch ich dies nicht habe ausschliessen wollen in Bezug auf die Wahrheit der *Sache* (denn darum handelt es sich dabei nicht), sondern nur in Bezug auf meine *Auffassung*. Der Sinn ist also, dass ich nichts als zu meinem Wesen gehörig *erkenne*, ausser dass ich ein *denkendes* Ding bin, oder ein Ding, was das Vermögen zu denken besitzt. In dem Folgenden werde ich aber zeigen, wie aus meiner Erkenntniss, dass nichts weiter zu meinem Wesen gehöre, sich ergiebt, dass auch *wirklich* nichts weiter dazu gehört.

Nach der zweiten Entgegnung soll daraus, dass ich die Vorstellung einer vollkommeneren Sache, als ich bin, habe, noch nicht folgen, dass diese Vorstellung selbst vollkommen sei, und noch weniger, dass dieses in dieser Vorstellung Enthaltene bestehe. Hierauf antworte ich, dass hier in dem Wort »Vorstellung« eine Zweideutigkeit besteht; denn man kann es *materiell* für eine Thätigkeit der Seele nehmen, in welchem Falle die Vorstellung nicht vollkommener als ich genannt werden kann, oder *gegenständlich* für die Sache, die durch diese Thätigkeit vorgestellt wird, welche Sache, wenn sie auch nicht als ausserhalb des Denkens bestellend angenommen wird, doch in Bezug auf ihr Wesen vollkommener als ich sein kann. Wie aber daraus allein, dass die Vorstellung einer vollkommeneren Sache, als ich bin, in mir ist, folgt, dass diese Sache *wirklich* bestellt, wird in dem Folgenden ausführlich dargelegt werden.

Ausserdem habe ich zwar noch zwei lange Aufsätze gelesen; aber es wurden darin weniger meine Gründe über diese Fragen als meine Schlussfolgerungen mit Beweisen angegriffen, die den Gemeinplätzen der Atheisten entlehnt sind. Da solche Beweise für Die keine Kraft haben, welche meine Gründe verstehen, und die Urtheilskraft bei Vielen so verkehrt und schwach ist, dass sie sich mehr von dem überzeugen lassen, was sie zuerst hören, sei es auch noch so falsch und unvernünftig, als von der Widerlegung, die später kommt, sei sie auch noch so wahr und sicher, so mag ich darauf nicht antworten, damit ich es nicht erst mitzutheilen brauche. Nur im Allgemeinen will ich sagen, dass Alles, was gewöhnlich von den Atheisten gegen das Dasein Gottes vorgebracht wird, immer darauf hinausläuft, dass Gott menschliche Affekte zugetheilt werden, oder dass für unseren Geist eine solche Kraft und Weisheit in Anspruch genommen wird, dass wir meinen, Alles, was Gott thun könne und müsse, bestimmen und begreifen zu können.

Sind wir indess eingedenk, dass unser Geist nur als endlich, Gott aber als unbegreiflich und unendlich aufzufassen ist, so können uns diese Einwürfe keine Schwierigkeit verursachen.

So will ich denn, nachdem ich bereits einmal die mannichfachsten Urtheile der Menschen erfahren habe, nochmals diese Fragen über Gott und die menschliche Seele und zugleich die Grundlagen der ganzen Philosophie behandeln. Ich erwarte hierbei weder den Beifall der Menge noch eine grosse Zahl Leser; denn ich schreibe nur für solche, die ernstlich mit mir nachdenken und ihren Geist von ihren Sinnen und zugleich von allen Vorurtheilen abtrennen können und wollen, und deren giebt es, wie ich wohl weiss, nur Wenige. Diejenigen aber, die sich nicht die Mühe nehmen, die Folge und Verknüpfung meiner Gründe zu begreifen, die vielmehr ihre Beweise, wie es sehr gebräuchlich ist, nur gegen einzelne Sätze richten, werden keinen grossen Nutzen von dieser Schrift haben. Sie werden vielleicht oft Anlass zum Spotten finden; aber sie werden schwerlich etwas Schlagendes und der Antwort Werthes entgegenstellen.

Allein da ich auch nicht versprechen kann, die Uebrigen gleich auf den ersten Blick zu befriedigen, und ich nicht so anmassend bin, alle die Schwierigkeiten vorauszusehen, die dem Leser aufstossen könnten, so werde ich in der Abhandlung selbst zunächst die Gedanken darlegen, durch deren Hülfe ich glaube zur gewissen und deutlichen Erkenntniss der Wahrheit gelangt zu sein, und ich will versuchen, ob ich mit denselben Gründen, die mich überzeugt haben, auch Andere überzeugen kann. Demnächst werde ich auf die Entgegnungen antworten, die mir von einigen durch Scharfsinn und Gelehrsamkeit ausgezeichneten Männern zugegangen sind, welchen ich diese Untersuchungen vor dem Druck zur Prüfung mitgetheilt hatte. So Vieles und so Verschiedenes ist da entgegnet, dass ich glauben möchte, es werde nichts von Erheblichkeit je aufgefunden werden können, was nicht da schon berührt worden. Deshalb bitte ich wiederholt die Leser, über diese Schrift nicht eher abzusprechen, als bis sie auch diese Entgegnungen und deren Widerlegungen sämmtlich durchlesen haben.

# Inhaltsübersicht
der folgenden sechs Untersuchungen.

In der *ersten* Untersuchung werden die Gründe dargelegt, weshalb man über alle Dinge, insbesondere über die körperlichen, zweifeln kann, so lange man nämlich keine anderen Grundlagen des Wissens hat, als die man früher hatte. Wenn nun auch der Nutzen eines so weitgehenden Zweifelns nicht sofort erhellt, so befreit es doch am besten von allen Vorurtheilen und bereitet den leichtesten Weg, um die Seele von den Sinnen abzulenken, und zuletzt wird dadurch erreicht, dass man über das demnächst als wahr Erkannte nicht mehr zweifeln kann.

In der *zweiten* Untersuchung bemerkt die Seele, wenn sie aus freien Stücken annimmt, dass Alles das nicht bestellt, über dessen Dasein sich der geringste Zweifel erhebt, wie es unmöglich sei, dass sie selbst nicht während dem bestehe. Dies ist von grossem Nutzen, weil sie auf diese Weise leicht unterscheidet, was ihr, d. h. der erkennenden Natur, und was dem Körper zugehört. Wenn indess hier einige Gründe für die Unsterblichkeit der Seele erwartet werden, so bitte ich zu bedenken, dass ich nur das mit genauen Beweisen Versehene mittheilen wollte. Ich habe deshalb nur der bei den Geometern üblichen Methode folgen können, nämlich Alles vorauszuschicken, von dem der fragliche Lehrsatz abhängt, ehe ich aus diesem etwas folgerte. Das Erste und Wichtigste zur Erkenntniss der Unsterblichkeit der Seele Erforderliche ist aber, dass man einen klaren und von jedem Begriffe eines Körpers ganz verschiedenen Begriff der Seele gewinne. Dies ist hier geschehen. Ausserdem gehört auch die Erkenntniss dazu, dass Alles, was man klar und deutlich einsieht, in dieser eingesehenen Weise wahr ist, was vor der *vierten* Untersuchung nicht bewiesen werden konnte, und dass man einen deutlichen Begriff von der körperlichen Natur habe, welcher theils in der *zweiten,* theils erst in der *fünften* und *sechsten* Untersuchung entwickelt wird. Hieraus muss geschlossen werden, dass Alles, was man als verschiedene Substanzen klar und deutlich begreift, wie die Seele und ihr Körper so begriffen werden, in Wahrheit wirklich verschiedene Substanzen sind. Dieser Schluss geschieht in der *sechsten* Untersuchung; auch wird dies dort damit bestätigt, dass jeder Körper als theilbar vorgestellt wird, während die Seele als untheilbar erkannt ist. Denn man kann an keiner Seele einen mittleren Theil sich vorstellen, wie man es selbst von dem kleinsten Körper kann. Hieraus erhellt, dass deren Naturen nicht blos verschieden, sondern auch gewissermassen entgegengesetzt sind. Weiter habe ich aber in dieser Schrift nicht darüber verhandelt, weil theils dies genügt, um zu zeigen, dass aus dem Verderben des Körpers der Untergang der Seele nicht folgt, und somit die Sterblichen sich Hoffnung auf ein ferneres Leben machen können; theils, weil die Vordersätze, aus denen die Unsterblichkeit der Seele gefolgert werden kann, von der Darstellung der ganzen Physik bedingt sind. So muss man zuerst wissen, dass überhaupt alle Substanzen oder Dinge, welche von Gott zum Dasein geschaffen werden sollen, ihrer Natur nach nicht verderben, noch irgend zu sein aufhören können, wenn sie nicht von demselben Gott, indem er ihnen seinen Beistand entzieht, in das Nichts zurückgeführt werden. Ferner, dass der Körper im Allgemeinen eine Substanz ist und deshalb nicht untergehen kann, und dass der menschliche Körper in seinem Unterschiede von den übrigen Körpern nur aus einer gewissen Gestaltung und Verbindung der Glieder und anderen solchen Accidenzen gebildet ist, dass aber die menschliche Seele nicht so aus Accidenzen besteht, sondern eine reine Substanz ist. Denn wenn auch alle ihre Accidenzen wechseln, so dass sie Anderes als früher vorstellt, Anderes will und Anderes wahrnimmt, so wird dadurch die Seele doch keine andere. Dagegen wird der menschliche Körper ein anderer, sobald die Gestalt einiger seiner Theile sich ändert. Hieraus folgt, dass der Körper sehr leicht untergeht, die Seele aber ihrer Natur nach unsterblich ist.

In der *dritten* Untersuchung habe ich meinen Hauptgrund für Gottes Dasein in der genügenden Ausführlichkeit, wie ich glaube, entwickelt. Da ich indess, um den Geist der Leser möglichst von den Sinnen abzuwenden, keine den körperlichen Dingen entlehnte Vergleiche dabei benutzen wollte, so sind vielleicht manche Dunkelheiten geblieben, welche indess, wie ich hoffe, später in den Antworten auf die Einwürfe völlig gehoben werden sollen. So wird unter Anderem von der Vorstellung des vollkommensten Wesens in uns gesagt, wie sie so viel gegenständliche Realität habe, dass sie nothwendig von einer vollkommenen Ursache herrühren müsse, und dies wird dort durch den Vergleich mit einer sehr vollkommenen Maschine erläutert, deren Vorstellung in der Seele eines Künstlers ist. Denn so wie das gegenständliche Kunstwerk in dieser Vorstellung eine Ursache haben muss, nämlich die Wissenschaft dieses Künstlers oder eines Anderen, von dem er sie überkommen hat, so muss die in uns befindliche Vorstellung Gottes Gott selbst zur Ursache haben.

In der *vierten* Untersuchung wird bewiesen, dass Alles, was man klar und deutlich erkennt, wahr ist. Zugleich wird erklärt, worin der Grund der Unwahrheit liegt; man muss dies wissen, um das Vorgehende zu befestigen und das Folgende zu verstehen. Hierbei handelt es sich aber, wie ich bemerken muss, in keiner Weise um die Sünde oder um den Irrthum in Ausübung des Guten oder Bösen, sondern nur um den Irrthum, der bei der Beurtheilung des Wahren und Falschen vorkommt. Es handelt sich hier nicht um das, was den Glauben und die Einrichtung des Lebens betrifft, sondern nur um die spekulativen, mit der blossen Hülfe des natürlichen Lichtes erkannten Wahrheiten.

In der *fünften* Untersuchung wird die körperliche Natur im Allgemeinen erklärt und ausserdem das Dasein Gottes aus einem neuen Grunde bewiesen. Auch hier mögen wieder einige Schwierigkeiten sich finden, welche bei der Beantwortung der Einwendungen gehoben werden sollen. Endlich wird da gezeigt, wie selbst die Gewissheit der geometrischen Beweise von der Erkenntniss Gottes abhängig ist.

In der *sechsten* wird endlich das bildliche Vorstellen von dem Begreifen unterschieden, und die Merkmale des Unterschiedes werden angegeben; es wird bewiesen, dass die Seele wirklich von dem Körper verschieden, aber dabei so eng mit ihm verknüpft ist, dass sie eine Einheit mit ihm bildet. Es werden alle von den Sinnen kommenden Irrthümer aufgezählt, und die Art, sie zu vermeiden, wird dargelegt. Endlich werden alle Gründe beigebracht, aus denen man das Dasein der körperlichen Dinge abnehmen kann; nicht deshalb, weil ich sie für sehr nützlich halte, um das zu beweisen, was hier damit bewiesen wird, nämlich dass es wirklich eine Welt giebt; dass die Menschen einen Körper haben und Aehnliches; da ein Mensch mit gesundem Verstande dies niemals ernstlich bezweifelt, sondern weil die Betrachtung dieser Gründe ergibt, dass sie nicht so zuverlässig und überzeugend sind als die, welche uns zur Kenntniss unserer Seele und Gottes führen, welche mithin die gewissesten und überzeugendsten sind, die der menschliche Geist kennt. Der Beweis dieses Satzes ist es, den ich mir in diesen Untersuchungen zum Ziel genommen habe. Ich erwähne deshalb mehrere andere Fragen weiter nicht, welche gelegentlich darin mit verhandelt werden.

### Erste Untersuchung.

*Ueber das, was in Zweifel gezogen werden kann.*

Ich hatte schon vor mehreren Jahren bemerkt, wie viel Falsches ich in meiner Jugend für wahr gehalten hatte, und wie zweifelhaft Alles war, was ich darauf erbaut hatte. Ich meinte deshalb, dass im Leben einmal Alles bis auf den Grund umgestossen und von den ersten Fundamenten ab neu begonnen werden müsste, wenn ich irgend etwas Festes und Bleibendes in den Wissenschaften aufstellen wollte. Es schien dies jedoch ein ungeheures Unternehmen, und ich wartete das Alter ab, was so reif sein würde, dass ihm ein geschickteres zur Erwerbung der Wissenschaften nicht mehr nachkommen könne.

In Folge dessen habe ich so lange gezögert, dass ich zuletzt die Schuld trüge, wenn ich die zum Handeln noch übrige Zeit im Zaudern verbringen wollte. Zur passenden Zeit habe ich deshalb heute meine Seele von allen Sorgen losgemacht, mir eine ungestörte Musse bereitet und ich trete in die Einsamkeit, um endlich ernst und frei zu dieser allgemeinen Ausrottung meiner bisherigen Meinungen zu schreiten. Dazu wird indess nicht nöthig sein, dass ich sie *alle* als falsch aufzeige, denn dies würde ich vielleicht nie vollbringen können; vielmehr räth die Vernunft, dass ich meine Zustimmung ebenso sorgfältig bei dem nicht ganz Gewissen und Unzweifelhaften zurückzuhalten habe wie bei dem offenbar Falschen, und deshalb genügt es, Alles zu verwerfen, wo ich irgend einen Grund zum Zweifel antreffen werde. Auch braucht deshalb nicht das Einzelne durchgegangen zu werden, was eine Arbeit ohne Ende sein würde; vielmehr werde ich, da mit der Untergrabung der Grundlagen alles darauf Errichtete von selbst zusammenstürzt, gleich zu diesen Grundlagen mich wenden, auf die Alles sich stützt, was ich bisher für wahr gehalten habe.

Alles nämlich, was mir bisher am sichersten für wahr gegolten hat, habe ich von den Sinnen oder durch die Sinne empfangen; aber ich habe bemerkt, dass diese mitunter täuschen, und die Klugheit fordert, Denen niemals ganz zu trauen, die auch nur einmal uns getäuscht haben. – Allein wenn auch die Sinne in Bezug auf Kleines und Entferntes bisweilen uns täuschen, so ist doch vielleicht das meiste derart, dass man daran nicht zweifeln kann, obgleich es aus den Sinnen geschöpft ist, z. B. dass ich hier bin, am Kamin, mit einem Winterrock angethan, sitze, dieses Papier mit der Hand berühre, und Aehnliches. Mit welchem Grunde könnte man bestreiten, dass diese Hände, dieser ganze Körper der meinige sei? Ich müsste mich denn, ich weiss nicht welchen Wahnsinnigen, gleichstellen, deren Gehirn durch die steten Dünste schwarzer Galle so geschwächt ist, dass sie hartnäckig behaupten, Könige zu sein, während sie bettelarm sind, oder in Purpur gekleidet zu sein, während sie nackt sind, oder einen thönernen Kopf zu haben, oder nur ein Kürbis zu sein, oder ganz aus Glas zusammengeblasen zu sein. Dies sind jedoch Wahnsinnige, und ich selbst würde als ein solcher gelten, wenn ich die von ihnen entlehnten Beispiele auf mich übertragen wollte. –

Dies klingt sehr schön; aber bin ich nicht ein Mensch, der des Nachts zu schlafen pflegt und Alles dies im Traume erfährt? Ja mitunter noch Unwahrscheinlicheres als das, was Jenen im Wachen begegnet? Wie oft kommt es nicht vor, dass der nächtliche Traum mir sagt, ich sei hier, mit dem Rock bekleidet, sitze am Kamin, während ich doch mit abgelegten Kleidern im Bette liege! – Aber jetzt schaue ich sicher mit wachen Augen auf das Papier; das Haupt, das ich bewege, ist nicht eingeschläfert; ich strecke wissentlich und absichtlich diese Hand aus und fühle, dass dies so bestimmt einem Träumenden nicht begegnen könnte. – Aber entsinne ich mich nicht, dass ich von ähnlichen Gedanken auch schon im Traume getäuscht worden bin? – Indem ich dies aufmerksamer bedenke, bemerke ich deutlich, dass das Wachen durch kein sicheres Kennzeichen von dem Traume unterschieden werden kann, so dass ich erschrecke, und dieses Staunen mich beinahe in der Meinung bestärkt, dass ich träume. –

Wohlan denn; mögen wir träumen, und jenes Einzelne keine Wahrheit haben, dass wir die Augen öffnen, den Kopf bewegen, die Hände ausstrecken; ja wir haben vielleicht gar keine solchen Hände und keinen solchen Körper; dennoch muss anerkannt werden, dass man während der Ruhe gleichsam gemalte Bilder gesehen habe, die nur nach der Aehnlichkeit mit wirklichen Dingen erdacht werden konnten. Deshalb muss wenigstens das Allgemeine davon, die Augen, das Haupt, die Hände und der ganze Körper nicht als eingebildete, sondern als wirkliche Dinge bestellen. Denn selbst die Maler können, wenn sie Sirenen und Satyrisken in den ungewöhnlichsten Gestalten zu bilden suchen, diesen keine durchaus neue Natur beilegen, sondern sie mischen nur die Glieder verschiedener Geschöpfe.

Ja selbst wenn sie etwas durchaus Neues, noch nie Gesehenes sich ausdenken, was mithin rein erdacht und unwahr ist, müssen doch wenigstens die Farben wirkliche sein, mit denen sie jenes darstellen. Wenn daher selbst diese Allgemeinheiten, wie die Augen, der Kopf, die Hände und Aehnliches nur Einbildungen sein sollten, so muss man doch aus dem angeführten Grunde zugestehen, dass nothwendig wenigstens gewisse andere, noch einfachere und noch allgemeinere Dinge wirklich seien. Dazu scheinen die Natur der Körper überhaupt und deren Ausdehnung zu gehören; ebenso die Gestalt der ausgedehnten Gegenstände und die Quantität oder die Grösse derselben und die Zahl; ebenso der Ort, wo sie sind, und die Zeit, während sie sind, und Aehnliches. Deshalb kann man hieraus wohl mit Recht folgern, dass zwar die Physik, die Astronomie, die Medizin und alle anderen Wissenschaften, welche von der Beobachtung der zusammengesetzten Körper abhängen, zweifelhaft sind; dass aber die Arithmetik, die Geometrie und andere solche, welche nur die einfachsten und allgemeinsten Gegenstände behandeln und sich darum wenig kümmern, ob diese in Wirklichkeit bestehen oder nicht, etwas Gewisses und Unzweifelhaftes enthalten. Denn ich mag schlafen oder wachen, so machen zwei und drei immer fünf, ein Viereck hat nie mehr als vier Seiten, und es scheint unmöglich, dass so offenbare Wahrheiten in den Verdacht der Falschheit kommen können.

Dennoch haftet in meiner Seele eine alte Ueberzeugung, dass es einen Gott giebt, der Alles kann, und der mich so, wie ich bin, geschaffen hat. Woher will ich nun wissen, dass, wenn weder die Erde noch der Himmel noch ein ausgedehntes Ding noch eine Gestalt noch ein Ort beständen, Gott es unmöglich wäre, zu bewirken, dass dennoch Alles dies, so wie jetzt, mir da zu sein *schiene*? Auch kann, so wie Andere nach meiner Ansicht sich sogar in dem irren, was sie auf das vollkommenste zu wissen meinen, auch ich mich irren, wenn ich zwei und drei zusammenrechne oder die Seiten eines Vierecks zähle, oder sonst etwas, was man sich als noch leichter ausdenken könnte. – Aber vielleicht hat Gott mich nicht so täuschen wollen, denn er heisst ja der Allgütige? – Allein wenn es seiner Güte widersprochen hätte, mich zu schaffen, dass ich immer getäuscht würde, so würde es sich mit ihr ebensowenig vertragen, dass ich bisweilen getäuscht würde, und doch kann man dies nicht bestreiten. – Vielleicht giebt es Menschen, die lieber einen allmächtigen Gott leugnen, als alle anderen Dinge für ungewiss halten. Wir wollen diesen nicht entgegentreten und zugeben, dass all diese Angaben über Gott erdichtet seien. Mögen sie nun annehmen, dass ich durch das Schicksal oder durch Zufall oder durch die fortlaufende Kette der Dinge oder sonst das geworden bin, was ich bin; so ist doch, wenn mein Dasein wegen der in dem Getäuschtwerden und Irren enthaltenen Unvollkommenheit nicht von einem allmächtigen Schöpfer abgeleitet werden kann, es um so wahrscheinlicher, dass ich unvollkommen bin und immer getäuscht werde.

Auf diese Beweisgründe habe ich keine Antwort, vielmehr bin ich nunmehr genöthigt, anzuerkennen, dass Alles, was ich früher für wahr hielt, in Zweifel gezogen werden kann, und zwar nicht aus Uebereilung oder Leichtsinn, sondern aus triftigen und wohlerwogenen Gründen. Ich habe deshalb meine Zustimmung ebenso hiervon, wie von dem offenbar Falschen, künftig mit Sorgfalt abzuhalten, wenn ich überhaupt etwas Gewisses erreichen will. Aber es genügt noch nicht, dies bemerkt zu haben; ich muss auch sorgen, es festzuhalten. Denn die gewohnten Meinungen kehren immer wieder und nehmen meinen Glauben selbst gegen meinen Willen in Beschlag, gleich als wäre er durch lange Hebung und vertrauliche Bande an sie gefesselt. Ich werde nie davon loskommen, ihnen beizustimmen und zu vertrauen, so lange ich die Dinge so nehme, wie sie sind, nämlich zwar als einigermassen zweifelhaft, wie gezeigt worden, aber doch von solcher Wahrscheinlichkeit, dass es vernünftiger ist, sie zu glauben, als zu bestreiten. Ich werde deshalb vielleicht nicht unrichtig verfahren, wenn ich, in gerade entgegengesetzter Absicht, mich selbst täusche und jenes Alles eine Zeitlang für durchaus unwahr und eingebildet setze, bis durch Ausgleichung des Gewichts der Vorurtheile auf beiden Seiten keine üble Gewohnheit mehr mein Urtheil von der wahren Erkenntniss der Dinge abwendet. Denn ich weiss, dass daraus inmittelst keine Gefahr und kein Irrthum hervorgehen wird, und dass ich mich dem Misstrauen nicht zu stark hingeben kann, da es sich hier nicht um die Ausführung, sondern nur um die Erkenntniss der Dinge handelt.

Ich will also annehmen, dass nicht der allgütige Gott die Quelle der Wahrheit ist, sondern dass ein boshafter Geist, der zugleich höchst mächtig und listig ist, all seine Klugheit anwendet, um mich zu täuschen; ich will annehmen, dass der Himmel, die Luft, die Erde, die Farben, die Gestalten, die Töne und alles Aeusserliche nur das Spiel von Träumen ist, wodurch er meiner Leichtgläubigkeit Fallen stellt; ich werde von mir selbst annehmen, dass ich keine Hände habe, keine Augen, kein Fleisch, kein Blut, keine Sinne, sondern dass ich mir nur den Besitz derselben fälschlich einbilde; ich werde hartnäckig in dieser Meinung verharren und so, wenn es mir auch nicht möglich ist, etwas Wahres zu erkennen, wenigstens nach meinen Kräften es erreichen, dass ich dem unwahren nicht zustimme, und mit festem Willen mich vorsehen, um nicht von jenem Betrüger trotz seiner Macht und List hintergangen zu werden. Aber dieses Unternehmen ist mühevoll, und eine gewisse Trägheit lässt mich in das gewohnte Leben zurückfallen. Wie ein Gefangener, der zufällig im Traume einer eingebildeten Freiheit genoss, bei dem späteren Argwohn, dass er nur träume, sich fürchtet, aufzuwachen, und deshalb den schmeichlerischen Täuschungen sich lange hingiebt, so falle ich von selbst in die alten Meinungen zurück und scheue das Erwachen, damit nicht der lieblichen Ruhe ein arbeitsvolles Erwachen folge, was, statt in hellem Licht, in der unvertilgbaren Finsterniss der angeregten Schwierigkeiten verbracht werden muss.

## Zweite Untersuchung.

*Ueber die Natur der menschlichen Seele, und dass sie uns bekannter ist als ihr Körper.*

Die gestrige Untersuchung hat mich in so viel Zweifel gestürzt, dass ich sie nicht mehr vergessen kann, noch weiss, wie ich sie lösen soll. Gleich als wäre ich unversehens in einen tiefen Strudel gestürzt, bin ich so verstört, dass ich weder auf dem Grunde

Fuss fassen, noch zur Oberfläche mich erheben kann. Dennoch will ich ausharren und nochmals den gestern eingeschlagenen Weg betreten, indem ich Alles fern halte, was dem geringsten Zweifel unterliegt, gleich als hätte ich es für ganz falsch erkannt, und ich will fortfahren, bis ich etwas Gewisses erreiche, wäre es auch nichts Anderes als die Gewissheit, dass es nichts Gewisses giebt. *Archimedes* verlangte nur einen festen und unbeweglichen Punkt, um die ganze Erde von der Stelle zu lieben; und ich kann auf Grosses hoffen, wenn ich nur Etwas, wäre es auch noch so klein, fände, was gewiss und unerschütterlich wäre.

Es gilt mir daher Alles, was ich sehe, für falsch; ich lasse nichts von dem gelten, was das trügerische Gedächtniss mir von dem Früheren vorführt; ich habe gar keine Sinne; mein Körper, meine Gestalt, Grösse, Bewegung, Ort sind Chimären. Was bleibt da Wahres? Vielleicht das Eine, dass es nichts Gewisses giebt.

Aber woher weiss ich, dass es Nichts giebt, was, im Unterschied von allem bisher Aufgezählten, nicht den mindesten Anlass zum Zweifeln giebt? Ist es nicht ein Gott, oder wie sonst ich den nennen will, der mir diesen Gedanken einflösst? – Weshalb soll ich aber dies glauben, da ich vielleicht selbst der Urheber desselben sein kann? – Bin ich selbst also wenigstens nicht Etwas? – Aber ich habe schon geleugnet, dass ich irgend einen Sinn, irgend einen Körper habe. Doch ich stocke; denn was folgt daraus? Bin ich denn so an den Körper und die Sinne geknüpft, dass ich ohne sie nicht sein kann? – Aber ich habe mich überredet, dass es nichts in der Welt giebt, keinen Himmel, keine Erde, keine Seelen, keine Körper; weshalb also nicht auch, dass ich selbst nicht bin? – Gewiss aber war ich, wenn ich mich überredet habe. – Aber es giebt einen, ich weiss nicht welchen höchst mächtigen und listigen Betrüger, der absichtlich mich immer täuscht. – Aber unzweifelhaft bin ich auch dann, wenn er mich täuscht; und mag er mich täuschen, so viel er vermag, nimmer wird er es erreichen, dass ich nicht bin, so lange ich denke, dass ich Etwas bin. Alles in Allem reiflich erwogen, muss zuletzt der Satz anerkannt werden: »Ich bin, ich bestehe, so oft von mir Etwas ausgesagt oder vorgestellt wird.«

Aber noch erkenne ich nicht genügend, *wer* ich denn Jener bin, der ich bin, und ich muss mich vorsehen, damit ich nicht etwa voreilig etwas Anderes statt meiner aufnehme und so selbst in jenem Gedanken auf Abwege gerathe, welchen ich als den gewissesten und offenbarsten von allen behaupte. Ich werde deshalb nochmals überlegen, wofür ich mich früher gehalten habe, ehe ich auf diesen Gedanken gerieth. Davon will ich dann Alles abziehen, was durch beizubringende Gründe im Geringsten erschüttert werden kann, so dass zuletzt nur genau das übrig bleibt, was gewiss und unerschütterlich ist.

Wofür also habe ich mich bisher gehalten? – Für einen Menschen. – Aber was ist der Mensch? Soll ich sagen: ein vernünftiges Thier? – Nein; denn ich müsste dann untersuchen, was ein Thier und was vernünftig ist, und so geriethe ich aus einer Frage in mehrere und schwierigere. Auch habe ich nicht so viel Musse, um sie mit solchen Spitzfindigkeiten zu vergeuden; vielmehr will ich lieber betrachten, was von selbst und unter Leitung der Natur meinem Denken bisher aufstiess, so oft ich mich selbst betrachtete. Also zuerst bemerkte ich, dass ich ein Gesicht, Hände, Arme und jene ganze Gliedermaschine hatte, wie man sie auch an einem Leichnam sieht, und die ich mit dem Namen »Körper« bezeichnete. Ich bemerkte ferner, dass ich mich nährte, ging, fühlte und dachte; ich bezog diese Thätigkeiten auf die Seele; aber was diese Seele sei, nahm ich nicht wahr, oder ich stellte sie mir als ein feines Etwas vor, nach Art eines Windes oder Feuers oder Aethers, welcher meinen gröberen Bestandtheilen eingeflösst war. Ueber meinen Körper hatte ich nicht den mindesten Zweifel, sondern meinte, dessen Natur bestimmt zu kennen, und wenn ich versucht hätte, diese Natur so zu beschreiben, wie ich sie mir vorstellte, würde ich gesagt haben: Unter Körper verstehe ich Alles, was durch eine Gestalt begrenzt und örtlich umschrieben werden kann; was den Raum so erfüllt, dass es jeden anderen Körper davon ausschliesst; was durch Gefühl, Gesicht, Gehör, Geschmack oder Geruch wahrgenommen werden und sich auf verschiedene Weise bewegen kann; zwar nicht von selbst, aber von etwas Anderem, von dem es gestossen wird. Denn ich nahm an, dass die Kraft, sich selbst zu bewegen, zu empfinden und zu denken, auf keine Weise zur Natur des Körpers gehöre; vielmehr staunte ich, dass dergleichen Vermögen in einzelnen Körpern angetroffen werden. Da ich aber jetzt annehme, dass ein mächtiger und, wenn es zu sagen erlaubt ist, boshafter Betrüger absichtlich mich in Allem möglichst getäuscht habe, kann ich da auch nur das Kleinste von Alledem noch festhalten, was ich zur Natur des Körpers gerechnet habe? Ich merke auf, ich denke nach, ich überlege; ich finde nichts; ich ermüde, indem ich den Versuch vergeblich wiederhole. – Was soll aber von dem gelten, was ich der Seele zutheilte, von dem Sich-ernähren und Einherschreiten? – Da ich keinen Körper habe, so sind auch dies nur Einbildungen. – Was aber von dem Wahrnehmen? – Auch dies ist ohne Körper unmöglich, und in dem Traume habe ich Vieles wahrzunehmen gemeint, von dem sich später ergab, dass ich es nicht wahrgenommen. – Was aber von dem Denken? – Hier treffe ich es; *das Denken ist; dies allein kann von mir nicht abgetrennt werden; es ist sicher, ich bin, ich bestehe.* – Wie lange aber? – Offenbar so lange, als ich denke; denn es könnte vielleicht kommen, dass, wenn ich mit dem Denken ganz endigte, ich sofort zu sein ganz aufhörte. Ich lasse jetzt nur das zu, was nothwendig wahr ist. Ich bin also genau nur ein denkendes Ding, d. h. eine Seele oder ein Geist oder ein Verstand oder eine Vernunft, Worte von einer mir früher unbekannten Bedeutung; aber ich bin ein wirkliches Ding, was wahrhaft besteht. – Aber welches Ding? – Ich habe gesagt: ein denkendes. – Was weiter? – Ich will annehmen, dass ich nicht jene Verbindung von Gliedern bin, welche der menschliche Körper heisst; ich bin auch nicht ein feiner Aether, der durch diese Glieder verbreitet ist; kein Wind, kein Feuer, kein Dampf, kein Hauch, nicht, was ich sonst mir einbilde; denn ich habe angenommen, dass Alles dies nichts ist. Aber der Satz bleibt: Trotzdem bin ich Etwas. – Vielleicht aber trifft es sich, dass selbst das, was ich für nichts angenommen habe, weil es mir unbekannt ist, in Wahrheit doch von mir, den ich kenne, nicht unterschieden ist. – Ich weiss dies nicht und streite darüber nicht; ich kann nur über das urtheilen, was mir bekannt ist. Ich weiss, dass ich da bin; ich frage, wer bin ich, dieses Ich, von dem ich weiss? Offenbar kann die Erkenntniss dieses so genau aufgefassten Ich nicht von Etwas abhängen, von dem ich noch nicht weiss, dass es da ist, mithin auch nicht von Alledem, was ich mir eingebildet habe. Aber dieses Wort »eingebildet« erinnert mich an meinen Irrthum; denn ich würde in Wahrheit mir Etwas einbilden, wenn ich mir *vorstellte,* dass ich Etwas sei; denn Vorstellen ist nichts Anderes, als die Gestalt oder das Bild eines körperlichen Gegenstandes betrachten. Nun weiss ich aber doch gewiss, dass ich bin, und zugleich, dass alle jene Bilder und überhaupt Alles, was auf die Natur von Körpern sich bezieht, möglicherweise nur Traumbilder sind. Hiernach erscheint es nicht minder verkehrt, wenn ich sage, ich will mich nur vorstellen, um genauer zu erfahren, wer ich bin, als wenn ich sagte: Ich bin zwar erwacht und sehe etwas Wirkliches; allein weil ich es noch nicht klar genug sehe, will ich mich bemühen, wieder einzuschlafen, damit die Träume mir es wahrhafter und überzeugender vorstellen sollen.

Ich erkenne also, dass nichts von dem, was ich durch die Einbildungskraft erfassen kann, zu diesem Wissen gehört, was ich von mir habe, und dass die Seele mit Sorgfalt davon zurückzuhalten ist, wenn sie ihre Natur genau erkennen will. – Aber was bin ich also? – Ein denkendes Ding. – Was ist dies? – Es ist ein Ding, was zweifelt, einstellt, bejaht, verneint, begehrt, verabscheut, auch vorstellt und wahrnimmt. Dies ist fürwahr nicht wenig, wenn es Alles mir zugehört. Aber weshalb sollte dies nicht sein? Bin ich es nicht selbst, der beinahe Alles bezweifelt, der dennoch Einiges einsieht, der das Eine für wahr behauptet, das Uebrige leugnet, der mehr zu wissen begehrt, der nicht betrogen sein will, der sich Vieles selbst unwillkürlich vorstellt und Vieles als solches bemerkt, was nicht von den Sinnen ihm zugeführt worden?

Was ist von Alledem, wenn ich auch noch träumen sollte, wenn auch der, welcher mich geschaffen, nach Möglichkeit mich täuschen sollte, nicht ebenso wahr als der Satz, dass ich bin? Was unterscheidet es von meinem Denken? Weshalb kann es von mir unterschieden gesetzt werden? – Denn dass *Ich* Der bin, der zweifelt, der einsieht, der will, ist so offenbar, dass es nichts giebt, was dies deutlicher machen könnte. – Aber ich bin doch auch derselbe, der vorstellt. Denn wenn auch vielleicht nichts von dem, was ich vorstelle, nach meiner Voraussetzung wahr ist, so besteht doch in Wahrheit die Kraft des Vorstellens und macht einen Theil meiner Gedanken aus; ebenso bin ich es, der wahrnimmt oder die körperlichen Dinge gleichsam durch die Sinne bemerkt. Allerdings sehe ich ein Licht, höre ein Geräusch, fühle die Wärme; aber dies ist Täuschung, denn ich träume. Aber ich *meine* doch zu sehen, zu hören, mich zu erwärmen; dies kann nicht falsch sein; das ist eigentlich das, was in mir das Wahrnehmen heisst. Mithin ist, genau genommen, dieses Wahrnehmen nur ein Denken, und hiernach beginne ich schon etwas besser zu wissen, was ich bin. Allein dennoch scheint es mir, und ich kann mich der Meinung nicht erwehren, dass ich die körperlichen Dinge, deren Bilder im Denken geformt werden, und welche die Sinne erforschen, viel genauer kenne als jenes, ich weiss nicht was von mir, das ich mir nicht vorstellen kann. Es ist fürwahr wunderbar, dass die Dinge, die mir als zweifelhaft, unbekannt, fremd gelten, deutlicher als das, was wahr, was erkannt ist, ja als ich selbst, von mir erfasst werden. Aber ich sehe, wie es sich verhält; meine Seele freut sich des Verirrens und lässt sich nicht in den Schranken der Wahrheit festhalten. Sei es also! wir wollen ihr noch einmal die Zügel schiessen lassen, damit, wenn sie später zur passenden Zeit angezogen werden, sie um so geduldiger sich lenken lasse. Betrachten wir die Dinge, die man gewöhnlich am genauesten zu kennen meint, d. h. die Körper, welche man fühlt, sieht; nicht die Körper überhaupt, denn diese allgemeinen Vorstellungen pflegen etwas verworren zu sein, sondern einen einzelnen. Nehmen wir z. B. dieses Wachs. Es ist erst vor Kurzem aus dem Honigkuchen ausgeschmolzen worden; es hat noch nicht allen Honiggeschmack verloren und hat noch etwas von dem Geruch der Blumen, aus denen es gesogen worden. Seine Farbe, Gestalt,

Grösse ist offenbar; es ist hart, kalt, leicht zu greifen und giebt, wenn man es pocht, einen Ton von sich. Alles ist mithin an ihm vorhanden, was nöthig scheint, um einen Körper auf das bestimmteste zu erkennen. Aber siehe, während ich spreche, wird es dem Feuer genähert; die Reste des Wohlgeschmacks verlöschen; der Geruch verschwindet; die Farbe verändert sich; die Grösse nimmt zu; es wird flüssig, warm, kann kaum noch berührt werden und giebt, geschlagen, keinen Ton mehr von sich. – 33
Ist dies noch dasselbe Wachs geblieben? – Es ist geblieben; man muss es zugeben; Niemand leugnet es, Niemand ist anderer Meinung. – Was also war es in ihm, was man so bestimmt erfasste? – Sicherlich nichts von dem, was man durch die Sinne erreichte; denn Alles, was unter den Geschmack, den Geruch, das Gesicht, das Gefühl oder das Gehör fiel, hat sich verändert; nur das Wachs ist geblieben. Vielleicht war es das, was ich jetzt denke; nämlich, dass dieses Wachs nicht diese Süsse des Honigs, nicht dieser Duft der Blumen, nicht jene weisse Farbe, jene Gestalt, jener Ton gewesen sei, sondern ein Körper, der mir kurz vorher in diesen Bestimmungen erschien und nun in anderen. Was ist aber genau das, was ich so vorstelle? Geben wir Acht; entfernen wir Alles, was nicht zum Wachs gehört, und sehen wir, was übrig bleibt. Nichts als etwas Ausgedehntes, Biegsames, Veränderliches. Was ist aber dies Biegsame, Veränderliche? Etwa, dass ich mir vorstelle, dieses Wachs könne aus einer runden Gestalt in eine viereckige und dann wieder in eine dreieckige verwandelt werden? – Durchaus nicht; denn ich weiss wohl, dass es unzähliger solcher Veränderungen fähig ist, aber ich kann diese zahllosen im Vorstellen nicht einzeln durchlaufen, und dieser Begriff kann deshalb nicht von dem Vorstellungsvermögen herkommen. – Was ist »ausgedehnt«? Ist etwa selbst seine Ausdehnung unbekannt? Denn im schmelzenden Wachs nimmt sie zu, im heissen noch mehr, und wieder mehr, wenn die Hitze gesteigert wird. Ich würde auch nicht richtig beurtheilen, was das Wachs ist, wenn ich nicht annähme, dass es der Ausdehnung nach mehr Veränderungen annimmt, als ich mir irgend vorstellen möchte. – Ich muss also anerkennen, dass

ich das, was das Wahre ist, nicht bildlich vorstelle, sondern nur mit der Seele allein erfasse. Ich sage das von diesem einzelnen Wachse, denn von dem Wachse überhaupt ist dies noch klarer. – Was ist nun dieses Wachs, was ich nur mit der Seele erfasse? – Es ist dasselbe, was ich sehe, berühre, mir vorstelle, also dasselbe, wofür ich es im Anfange nahm. Aber, und dies ist festzuhalten, seine Erkenntniss ist kein Sehen, kein Berühren, kein bildliches Vorstellen und ist es nie gewesen, obgleich es früher so schien,
34 sondern ein Schauen der Seele allein, welches bald unvollkommen und verworren sein kann wie vorher, bald klar und deutlich wie jetzt, je nachdem ich weniger oder mehr auf das, woraus es
35 besteht, Acht habe.

Aber währenddem staune ich, wie sehr meine Seele zu dem Irrthum neigt; denn obgleich ich dies bei mir still und schweigend bedenke, bleibe ich doch in den Worten stecken und werde durch den Sprachgebrauch beinahe irre geführt. Denn wir sagen, dass wir das Wachs selbst sehen, und wenn es da ist, dies nicht aus seiner Farbe oder Gestalt erst folgern; ich würde deshalb angenommen haben, dass das Wachs durch das Sehen der Augen und nicht durch das Schauen der Seele allein erkannt werde; allein ich hatte schon oft von meinem Fenster Menschen auf der Strasse vorübergehen sehen, von denen ich ebenso wie von dem Wachs zu sagen pflegte, dass ich sie selbst sähe. Aber was hatte ich gesehen, ausser Hüte und Kleider, unter denen Automaten stecken konnten, die ich aber für Menschen hielt? So erfasste ich das, was ich mit den Augen zu sehen meinte, nur durch die Urtheilskraft, die in meiner Seele ist. Wer indess wei-
36 ser als die Menge sein will, muss sich hüten, seine Zweifel blos aus Redensarten zu entnehmen, welche die Menge erfunden hat; wir müssen also fortfahren, indem wir Acht haben, ob ich vollkommen und offenbar erkannte, was das Wachs ist, als ich es zuerst erblickte und glaubte, dass ich es durch die äusseren Sinne oder wenigstens durch den gemeinen Menschenverstand, wie man sagt, d.h. durch das Vorstellungsvermögen erkannte; oder ob vielmehr erst jetzt, wo ich genauer erforscht habe, was es ist, und wie es erkannt wird. Darüber zu zweifeln, wäre si-

cherlich verkehrt. Denn was war in der ersten Vorstellung deutlich? Was war darin nicht derart, dass jedes Thier es fassen konnte? Aber wenn ich das Wachs von seinen äusseren Bestimmungen unterscheide und gleichsam nach abgenommenen Kleidern nackt betrachte, so kann ich es dann in Wahrheit nicht ohne den menschlichen Verstand erfassen, sollte dabei auch ein Irrthum in mein Urtheil unterlaufen. Was soll ich aber von dieser Seele selbst sagen oder von mir selbst, da ich schon nichts Anderes neben der Seele in mir anerkenne? Wie sollte ich, der ich dieses Wachs so bestimmt zu erfassen scheine, nicht mich selbst viel wahrhafter, gewisser, sowie viel deutlicher und klarer erkennen? Denn wenn ich das Dasein des Wachses daraus abnehme, dass ich es sehe, so folgt sicherlich gerade daraus, dass ich es sehe, noch viel gewisser, dass auch ich selbst bestehe. Denn es kann sein, dass das, was ich sehe, nicht wirklich Wachs ist; es ist selbst möglich, dass ich keine Augen habe, durch welche etwas gesehen wird; aber es ist unmöglich, dass, wenn ich sehe oder (was ich nicht für verschieden halte) wenn ich zu sehen denke, Ich nicht selbst ein denkendes Etwas bin. Auf gleiche Weise folgt, wenn ich das Dasein des Wachses daraus abnehme, dass ich es fühle, dasselbe, nämlich dass ich bin; ebenso folgt dasselbe daraus, dass ich mir etwas vorstelle, oder aus sonst einem Grunde. Das, was ich bei dem Wachse bemerke, lässt sich nun auf alles Andere, was ausser mir ist, anwenden. Wenn mithin die Kenntniss des Wachses deutlicher geworden ist, nachdem sie mir nicht blos durch das Gesicht und Gefühl allein, sondern aus mehreren Umständen bekannt geworden, um wie viel bestimmter muss ich offenbar mich selbst erkennen, da kein Umstand zur Kenntniss des Wachses oder irgend eines anderen Körpers beitragen kann, ohne nicht zugleich die Natur meiner Seele besser darzulegen. Aber es giebt ausserdem noch so vieles Andere in der Seele, was deren Kenntniss deutlich machen kann, dass das, was aus den Körpern sich dafür ergiebt, kaum zu rechnen ist.

So bin ich denn unwillkürlich dahin zurückgekommen, wohin ich wollte. Denn da sich nun ergeben hat, dass selbst die

Körper nicht eigentlich von den Sinnen oder von dem Vorstellen, sondern nur von dem Verstande allein erkannt werden, und dass diese Erkenntniss nicht auf dem Fühlen oder Sehen derselben beruht, sondern darauf, dass der Verstand sie auffasst, so erkenne ich klar, dass nichts leichter und sicherer von mir erkannt werden kann als meine Seele. Da indess die Gewohnheit alter Meinungen nicht so schnell abgelegt werden kann, so will ich hier anhalten, damit diese neue Erkenntniss durch längeres Erwägen sich meinem Gedächtniss tiefer einpräge.

### Dritte Untersuchung.

*Ueber Gott, und dass er ist.*

Ich will nun meine Augen schliessen, meine Ohren zuhalten und alle meine Sinne wegwenden, auch die Bilder aller körperlichen Dinge aus meinen Gedanken vertilgen oder wenigstens, weil dies kaum möglich ist, sie als eitel und falsch für nichts achten; ich will mich allein anreden und ganz durchschauen und so versuchen, mich selbst mir allmählich bekannt und vertraut zu machen. Ich bin ein denkendes Ding, d. h. was zweifelt, bejaht, verneint, Weniges erkennt, Vieles nicht weiss, was will und nicht will, was auch bildlich vorstellt und wahrnimmt. Denn wie ich früher bemerkt habe, ist vielleicht das, was ich vorstelle und wahrnehme, nichts ausserhalb meiner; aber dennoch bin ich gewiss, dass jene Arten des Denkens, die ich Wahrnehmung und bildliches Vorstellen nenne, als Arten des Denkens wenigstens in mir sind. Und mit diesem Wenigen habe ich Alles aufgezählt, was ich wirklich weiss, oder wenigstens was zu wissen ich bis jetzt bemerkt habe.

Nun will ich sorgfältig umherschauen, ob bei mir sich vielleicht noch Anderes befindet, auf das ich noch nicht geachtet. Ich bin gewiss, dass ich ein denkendes Ding bin; aber weiss ich auch, was dazu gehört, dass ich einer Sache gewiss bin? Denn in jener ersten Erkenntniss ist nur ein klares und deutliches Wissen dessen, was ich behaupte. Dies könnte nicht hinreichen, mich von der Wahrheit dessen zu vergewissern, wenn es möglich wäre, dass etwas, was ich so klar und deutlich weiss, falsch sein könnte. Ich kann deshalb als allgemeine Regel aufstellen, *dass Alles wahr sei, was ich völlig klar und deutlich weiss.*

Allein früher habe ich doch Vieles für ganz gewiss und offenbar angenommen, was ich doch später als zweifelhaft erkannt habe. Was ist dies gewesen? – Es war die Erde, der Himmel, die Gestirne und alles Uebrige, was ich durch die Sinne wahrnahm. – Was aber wusste ich von ihnen deutlich? nichts, als dass die Vorstellungen oder Gedanken solcher Dinge meiner Seele vorschwebten; aber dass solche Vorstellungen in mir seien, leugne ich auch jetzt nicht. Etwas Anderes aber war es, was ich behaupte, und was ich in der Gewohnheit zu glauben klar zu wissen meinte, aber in Wahrheit nicht wusste; nämlich dass gewisse Dinge *ausserhalb* meiner bestehen, von denen jene Vorstellungen ausgingen, und denen sie überhaupt ähnlich wären. Dies war es, worin ich entweder getäuscht wurde, oder, was, wenn ich Recht hatte, nicht von der Kraft meines Wissens herkam. – Wie aber, wenn ich in Betreff der Arithmetik oder Geometrie etwas sehr Einfaches und Leichtes in Betracht nahm, wie dass Zwei mit Drei zusammen Fünf sind oder Aehnliches, schaute ich nicht wenigstens dies so deutlich an, dass ich es für wahr behauptete? – Allerdings habe ich einen Zweifel darüber später nur deshalb zugelassen, weil es mir beikam, dass vielleicht ein Gott mir eine solche Natur habe verleihen können, dass ich auch in Betreff dessen getäuscht würde, was mir als das Allergewisseste erschien. So oft diese vorgefasste Meinung von der Allmacht Gottes mir beikommt, muss ich anerkennen, dass, wenn er will, er leicht bewirken kann, dass ich auch in dem irre, was ich mit meinen geistigen Augen am deutlichsten zu erblicken glaube. Wenn ich aber zu den Gegenständen selbst mich wendete, welche ich deutlich zu wissen glaubte, dann wurde ich durch sie so gänzlich überzeugt, dass ich unwillkürlich in die Worte ausbrach: Möge mich täuschen, wer es vermag; *niemals wird er doch es bewirken, dass ich Nichts bin, so lange ich denke,*

*etwas zu sein*, oder dass es je wahr sein könnte, ich sei niemals gewesen, da es doch wahr ist, dass ich bin; oder dass Zwei und Drei zusammen weniger oder mehr als Fünf seien, oder Aehnliches, worin ich nämlich einen offenbaren Widerspruch erkenne. Und da ich sicherlich keinen Anlass habe zu glauben, es gebe einen betrügerischen Gott, und ich noch nicht sicher weiss, ob es überhaupt einen Gott gebe, so ist dieser, so zu sagen, metaphysische Zweifelsgrund, welcher nur von dieser Annahme ausgeht, sehr schwach. Damit indess auch dieser Anlass so bald als möglich beseitigt werde, muss ich prüfen, ob Gott ist, und ob, wenn er ist, er ein Betrüger sein kann. Denn so lange ich hierüber noch keine Gewissheit habe, werde ich über keinen an-
45 deren Gegenstand irgend Gewissheit erlangen können.

Nun scheint aber die Ordnung zu fordern, dass ich zuvor alle meine Gedanken unter gewisse Gattungen bringe und ermittele, in welchen Gattungen die Wahrheit oder der Irrthum eigentlich enthalten ist. Einige dieser Gedanken sind gleichsam Bilder, denen der Name »Vorstellung« zukommt; so, wenn ich an einen Menschen oder eine Chimäre oder an den Himmel oder einen Engel oder an Gott denke; andere Gedanken haben aber daneben noch eine andere Form; so wenn ich will, wenn ich fürchte, wenn ich bejahe, wenn ich verneine; ich erfasse da zwar immer einen Gegenstand als Unterlage meines Gedankens, aber ich erfasse doch auch da in dem Gedanken etwas mehr als ein blosses Bild jenes Gegenstandes, und deshalb werden einige Gedanken
46 Begehrungen oder Affekte, andere aber Urtheile benannt.

Was nun die blossen Vorstellungen anlangt, so können sie, für sich betrachtet und auf nichts Anderes bezogen, eigentlich nicht falsch sein; denn mag ich nun eine Ziege oder eine Chimäre mir vorstellen, so ist es gleich wahr, dass ich mir die eine wie die andere *vorstelle*. Auch in den Begehrungen und Affekten ist keine Unwahrheit zu fürchten; denn wenn sie auch schlecht sind, wenn ich auch das wünschen kann, was niemals sein kann, so ist es doch nicht unwahr, dass ich dieses wünsche. Somit bleiben nur die Urtheile, wo ich mich vor Täuschung zu hüten habe. Der hauptsächlichste und häufigste Irrthum aber, der in ihnen angetroffen werden kann, besteht darin, dass ich die Vorstellungen, die in mir sind, für ähnlich oder übereinstimmend mit gewissen Dingen ausserhalb meiner erachte. Denn wenn ich diese Vorstellungen nur als gewisse Arten meines Denkens betrachtete und sie auf nichts Anderes bezöge, so könnten sie mir kaum irgend einen Stoff zum Irrthum geben.

47

Von diesen Vorstellungen sind nun, wie mir scheint, einige *angeboren*, andere *hinzugekommen*, andere *von mir selbst gebildet*. Denn wenn ich einsehe, was das Ding ist, was die Wahrheit ist, was der Gedanke ist, so kann ich dies nicht anders woher haben, als von meiner Natur; wenn ich aber jetzt einen Lärm höre oder die Sonne sehe oder das Feuer fühle, so habe ich bis jetzt angenommen, dass diese Vorstellungen von gewissen Dingen ausserhalb meiner kommen; endlich werden die Vorstellungen der Sirenen, Hippogryphen und Aehnliches von mir selbst gebildet. Vielleicht kann ich aber auch annehmen, dass sie alle mir zugekommen sind, oder alle angeboren, oder alle gebildet sind, denn ich habe den wahren Ursprung derselben noch nicht durchschaut. Indess handelt es sich hier vorzüglich um die, welche ich als von den ausser mir daseienden Dingen entlehnt betrachte, welcher Grund nämlich mich bestimmt, diese Vorstellungen als diesen Dingen ähnlich zu nehmen. Es geschieht nämlich, weil ich von Natur so belehrt bin, und weil ich ausserdem bemerke, dass diese Vorstellungen nicht von meinem Willen, also auch nicht von mir abhängen; denn ich bemerke sie oft, auch ohne dass ich es will. So fühle ich die Wärme, mag ich wollen oder nicht, und deshalb nehme ich an, dass dieses Gefühl oder diese Vorstellung der Wärme von einem von mir verschiedenen Gegenstande, nämlich von der Wärme des Feuers, bei dem ich sitze, herkommt, und es drängt sich von selbst mir die Annahme auf, dass jener Gegenstand seine Aehnlichkeit und nicht etwas Anderes mir einflösst. Ob diese Gründe zuverlässig sind, wird sich zeigen.

Wenn ich hier sage, ich sei von der Natur so belehrt, so meine ich damit nur, dass ich durch einen unwillkürlichen Trieb zu diesem Glauben gebracht werde, und nicht, dass es mir durch ein natürliches Licht als wahr gezeigt worden, was zwei sehr verschiedene Dinge sind. Denn Alles, was durch das natürliche Licht mir gezeigt wird, wie dass aus meinem Zweifeln mein Dasein folgt und Aehnliches, kann in keiner Weise zweifelhaft sein, weil es kein anderes Vermögen giebt, welchem ich so vertraue wie diesem Licht, und was mich lehren könnte, jenes sei nicht wahr. Was dagegen die natürlichen Triebe anlangt, so habe ich schon früher mich überzeugt, dass ich von ihnen auf die schlechtere Seite geführt worden bin, wenn es sich um die Wahl des Guten handelte, und ich sehe nicht, weshalb ich ihnen in anderen Dingen mehr vertrauen soll. Wenn nun auch jene Vorstellungen nicht von meinem Willen abhängen, so ist es deshalb noch nicht ausgemacht, dass sie nothwendig von ausserhalb meiner befindlichen Dingen herkommen. Denn so wie jene Triebe, die ich eben erwähnte, obgleich sie in mir sind, doch von meinem Willen verschieden sind, so giebt es vielleicht noch ein anderes, mir nur nicht gehörig bekanntes Vermögen, welches diese Vorstellungen hervorbringt; wie ich ja schon bisher bemerkt habe, dass ich im Traume sie ohne alle Hülfe äusserer Gegenstände bilde. Wenn sie aber auch von äusseren Dingen herkämen, so folgte noch nicht, dass sie jenen Dingen ähnlich sein müssten; vielmehr meine ich in vielen einen grossen Unterschied bemerkt zu haben. So finde ich z. B. zwei verschiedene Vorstellungen der Sonne in mir; die eine, welche gleichsam aus den Sinnen geschöpft ist, und die sicherlich zu denen zu rechnen ist, die ich als mir zugekommen ansehe, und nach welcher die Sonne mir sehr klein erscheint, und eine zweite Vorstellung, die aus den Beweisen der Astronomie entnommen ist, d. h. die aus gewissen mir angeborenen Begriffen entwickelt oder auf andere Weise von mir gebildet ist, durch welche sie vielmal grösser als die Erde dargestellt wird. Beide Vorstellungen können nun derselben ausser mir seienden Sonne nicht ähnlich sein, und die Vernunft sagt mir, dass jene ihr am unähnlichsten ist, die am unmittelbarsten aus ihr hervorgegangen zu sein scheint.

Dies Alles beweist zur Genüge, dass ich bisher nicht nach einem sicheren Urtheile, sondern nur aus einem blinden Triebe geglaubt habe, dass gewisse von mir verschiedene Dinge bestehen, welche ihre Vorstellungen oder Bilder durch die Werkzeuge der Sinne oder auf sonst eine Weise mir zuführen.

Indess zeigt sich mir noch ein anderer Weg, um zu ermitteln, ob Dinge, deren Vorstellungen in mir sind, ausserhalb meiner bestehen. Soweit nämlich diese Vorstellungen nur Arten des Denkens sind, erkenne ich keinen Unterschied zwischen ihnen an, und alle scheinen in derselben Weise von mir herzurühren; soweit aber die eine diese Sache, die andere jene darstellt, erhellt, dass sie sehr verschieden von einander sind. Denn unzweifelhaft sind die, welche mir Substanzen bieten, etwas Mehreres und enthalten, so zu sagen, mehr gegenständliche Realität in sich als die, welche nur Zustände oder Accidenzen darstellen. Und wiederum enthält die Vorstellung, durch welche ich einen höchsten, ewigen, unendlichen, allwissenden, allmächtigen Gott und Schöpfer aller ausser ihm befindlichen Dinge vorstelle, fürwahr mehr gegenständliche Realität in sich als die, welche endliche Substanzen darstellen. Nun ist es nach dem natürlichen Licht offenbar, dass mindestens in der wirkenden und ganzen Ursache eben so viel sein muss als in der Wirkung dieser Ursache. Denn ich frage, woher könnte die Wirkung ihre Realität entnehmen, als von der Ursache; und wie könnte die Ursache sie ihr geben, wenn sie sie nicht auch hätte? Hieraus folgt, dass aus Nichts nichts werden kann, und dass das Vollkommenere, d. h. was mehr Realität in sich enthält, nicht von dem werden kann, was weniger Realität hat. Dies gilt offenbar nicht blos von den Wirkungen, deren Realität wirklich oder formal ist, sondern auch von den Vorstellungen in Rücksicht ihrer gegenständlichen Realität. Also kann z. B. ein Stein, der früher nicht war, jetzt nicht anfangen zu sein, wenn er nicht von einem Gegenstand hervorgebracht wird, in dem Alles das gleich sehr oder in noch höherem Maasse wirklich ist, was in dem Steine gesetzt ist; und ebenso kann die Wärme in einen Gegenstand, der vorher nicht warm war, nur von einem Gegenstande eingeführt werden, der mindestens gleich vollkommener Art wie die Wärme ist, und dasselbe gilt von allem Anderen.

Aber ausserdem kann auch die Vorstellung der Wärme oder des Steines in mir nur sein, wenn sie von einer Ursache gesetzt wird, in welcher mindestens ebenso viel Realität ist, als ich in der Wärme oder dem Steine vorstelle. Denn wenn auch jene Ursache nichts von ihrer wirklichen oder formalen Realität in meine Vorstellung ausgiesst, so darf man doch nicht glauben, dass diese weniger real zu sein braucht, und dass ihre Natur derart sei, dass sie keiner anderen formalen Realität bedarf neben der, welche sie von meinem Denken empfängt, dessen Zustand sie ist; vielmehr muss das, was diese Vorstellung von dieser oder jener gegenständlichen Realität mehr als eine andere enthält, sie durchaus von einer Ursache haben, in welcher wenigstens ebenso viel formale Realität ist, als sie gegenständlich enthält. Denn wenn man annähme, dass in der Vorstellung etwas angetroffen werde, was nicht in deren Ursache gewesen sei, so müsste sie dies von nichts haben. So unvollkommen jene Art des Seins nun auch sein mag, wodurch eine Sache vermittelst ihrer Vorstellung gegenständlich in der Seele ist, so ist jenes Sein doch nicht gleich nichts, und kann deshalb auch nicht aus nichts hervorgehen. Auch darf ich nicht argwöhnen, dass, weil die in den Vorstellungen betrachtete Realität nur eine gegenständliche ist, diese Realität in den Ursachen dieser Vorstellungen nicht formal enthalten zu sein brauche, sondern dass es genüge, wenn sie auch nur gegenständlich darin sei; denn so wie diese gegenständliche Art zu sein den Vorstellungen nach ihrer Natur zukommt, so kommt die formale Art zu sein den Ursachen der Vorstellungen von Natur zu, wenigstens den ersten und hauptsächlichsten Ursachen; und wenn auch vielleicht eine Vorstellung aus einer anderen entstehen kann, so findet hier doch kein Fortgang in das Unendliche statt, sondern man muss endlich zu einer ersten gelangen, deren Ursache gleich einem Original ist, in dem alle Realität formal enthalten ist, welche in der Vorstellung nur gegenständlich ist. So ist es mir durch das natürliche Licht klar, dass die Vorstellungen in mir wie gewisse Bilder sind, die zwar leicht etwas fehlen lassen können an der Vollkommenheit der Gegenstände, von denen sie abgenommen sind, aber nicht Grösseres oder Vollkommeneres als diese enthalten können.

Je länger und aufmerksamer ich dies untersuche, desto deutlicher und bestimmter erkenne ich es als wahr; aber was will ich daraus zuletzt folgern? Offenbar folgt wenn die gegenständliche Realität einer meiner Vorstellungen so gross ist, dass ich sicher bin, dass sie weder in gleichem noch in höherem Maasse formal in mir sein kann, und ich daher nicht selbst als die Ursache dieser Vorstellung gelten kann, nothwendig, dass ich nicht allein in der Welt bin, sondern dass auch ein anderes Ding da ist, welches die Ursache dieser Vorstellung ist. Wird dagegen keine solche Vorstellung in mir angetroffen, so habe ich keinen Grund, der mich des Daseins eines von mir verschiedenen Gegenstandes versichert; denn ich habe mich auf das sorgfältigste nach Allem umgeschaut und habe bis jetzt nichts Anderes finden können.

Unter meinen Vorstellungen befinden sich nun ausser der von mir selbst, worüber hier keine Schwierigkeit sein kann, eine, die Gott enthält, und andere, welche die körperlichen und leblosen Dinge, noch andere, welche die Engel, andere, welche die Thiere, und endlich andere, welche die mir ähnlichen Menschen darstellen. Und in Betreff dieser Vorstellungen der anderen Menschen, der Thiere und Engel, sehe ich leicht ein, dass sie aus denen gebildet werden können, welche ich von mir selbst, von den körperlichen Dingen und von Gott habe, wenn auch keine Thiere, keine Engel und keine Menschen ausser mir in der Welt wären. Was aber die Vorstellungen der körperlichen Dinge anlangt, so zeigt sich in ihnen nichts, was so gross ist, dass es nicht von mir ausgegangen sein könnte. Denn wenn ich sie genauer untersuche und die Einzelnen ebenso prüfe, wie gestern die Vorstellung des Wachses, so bemerke ich, dass ich nur sehr Weniges darin klar und deutlich erkenne, nämlich die Grösse oder die Ausdehnung in die Länge, Breite und Tiefe; die Gestalt, die aus der Begrenzung jener Ausdehnung hervorgeht; die Lagen, welche verschiedene Gestalten zu einander haben, und die Bewegung oder Veränderung dieser Lage. Diesen kann man auch die Substanz, die

Dauer und die Zahl hinzufügen; dagegen wird das Uebrige, wie das Licht, die Farben, die Töne, die Gerüche, die Geschmäcke, die Wärme, die Kälte, sammt den anderen sichtbaren Eigenschaften, nur sehr verworren und dunkel von mir gedacht, so dass ich auch nicht weiss, ob es wahr oder falsch ist, d. h. ob die betreffenden Vorstellungen Vorstellungen von gewissen Dingen sind oder nicht. Denn wenn ich eben bemerkt habe, dass das eigentliche oder formale Falsche nur in Urtheilen angetroffen werden könne, so giebt es doch eine andere materiale Falschheit in den Vorstellungen, wenn sie ein nichtseiendes Ding wie ein seiendes darstellen. So sind z. B. die Vorstellungen der Wärme und Kälte so wenig klar und deutlich, dass ich von ihnen nicht abnehmen kann, ob die Kälte nur ein Mangel der Wärme oder die Wärme ein Mangel der Kälte ist, oder ob beide reale Eigenschaften sind oder beide nicht. Da nun jede Vorstellung nur Vorstellung von Gegenständen sein kann, so wird, wenn die Kälte wirklich nur ein Mangel der Wärme ist, die Vorstellung, welche mir die Kälte als ein Wirkliches und Bejahendes bietet, mit Recht
58 falsch genannt, und dasselbe gilt für die Uebrigen.

Es ist daher nicht nöthig, dass ich für diese Vorstellungen einen von mir verschiedenen Urheber aufstelle; denn sind sie falsch, d. h. stellen sie keinen Gegenstand vor, so ist mir nach dem natürlichen Lichte klar, dass sie aus Nichts entstehen, d. h. dass sie aus keiner anderen Ursache in mir sind, als weil meiner Natur etwas mangelt, und sie nicht ganz vollkommen ist. Sind sie aber wahr, so wüsste ich nicht, weshalb sie nicht von mir selbst herrühren könnten, da sie mir so wenig Realität darbieten, dass ich sie nicht einmal von dem Nichtseienden unterscheiden kann.

Was aber das Klare und Deutliche in den Vorstellungen der körperlichen Dinge anlangt, so kann ich Einzelnes von der Vorstellung meiner selbst entlehnt haben, nämlich die Substanz, die Dauer und die Zahl, und was sonst etwa dem ähnlich ist. Denn wenn ich denke, dass der Stein eine Substanz ist oder ein Ding, was durch sich fähig ist, zu bestehen, und ebenso, dass ich eine Substanz bin, so stelle ich mich allerdings dabei als ein denkendes und nicht-ausgedehntes Wesen vor, den Stein aber als ein ausgedehntes und nicht-denkendes Ding, mithin ist zwischen beiden Vorstellungen eine grosse Verschiedenheit; allein in Bezug auf die Substanz stimmen beide doch überein. Ebenso wenn ich denke, dass ich jetzt bin und mich entsinne, dass ich auch früher eine Zeit lang bestanden habe, und wenn ich verschiedene Gedanken habe, deren Zahl ich bemerke, so gewinne ich die Vorstellungen der Dauer und der Zahl, die ich dann auf andere Gegenstände übertragen kann. Alles Uebrige aber, aus dem die Vorstellungen der körperlichen Dinge gebildet werden, nämlich Ausdehnung, Gestalt, Lage und Bewegung, ist zwar in mir, der ich nur ein denkendes Etwas bin, formal nicht enthalten; allein da es nur gewisse Zustände der Substanz sind, ich selbst aber eine Substanz bin, so können sie im Uebermaass (*eminenter*) in mir enthalten sein.

So bleibt nur die Vorstellung Gottes übrig, bei der es sich fragt, ob sie von mir selbst hat ausgehen können. Unter Gott verstehe ich eine unendliche, unabhängige, höchst weise, höchst mächtige Substanz, von der sowohl ich als alles andere Daseiende, im Fall dies besteht, geschaffen ist. Je länger ich nun auf diese Bestimmungen Acht habe, desto weniger scheinen sie von mir allein haben ausgehen zu können. Deshalb ist nach dem Vorgehenden zu schliessen, dass Gott ist. Denn wenn auch die Vorstellung der Substanz in mir ist, weil ich selbst eine Substanz bin, so würde dies doch nicht die Vorstellung einer unendlichen Substanz sein, da ich endlich bin; sie muss deshalb von einer Substanz, die wahrhaft unendlich ist, kommen. Auch darf ich nicht glauben, dass ich das Unendliche nicht als wahre Vorstellung erfasse, und dass es blos die Verneinung des Endlichen sei, ähnlich wie ich die Ruhe und die Finsterniss durch die Verneinung der Bewegung und des Lichts erfasse; vielmehr erkenne ich offenbar, dass in einer unendlichen Substanz mehr Realität enthalten ist als in einer endlichen, und dass also die Vorstellung des Unendlichen gewissermassen der des Endlichen, d. h. die Vorstellung Gottes der von mir selbst in mir vorhergeht. Denn wie wollte ich wissen, dass ich zweifelte, begehrte, d. h. dass mir etwas mangelt, und dass ich nicht ganz vollkommen bin, wenn keine Vorstellung eines vollkommenen Wesens in mir wäre, an dessen Vergleichung ich meine Mängel erkennte?

Auch kann man nicht sagen, dass diese Vorstellung Gottes vielleicht materiell falsch und deshalb aus Nichts sein könne, wie ich oben bei den Vorstellungen der Wärme, der Kälte und ähnlicher Bestimmungen gesagt habe. Denn sie ist im Gegentheil im höchsten Grade deutlich und klar, enthält mehr gegenständliche Realität als irgend eine andere, und ist daher mehr wahr als alle anderen und bei ihr am wenigsten ein Verdacht vorhanden, dass sie falsch sei.

Ich sage, diese Vorstellung eines höchst vollkommenen und unendlichen Wesens ist im höchsten Maasse wahr, denn wenn ich mir einbilden könnte, dass ein solches Wesen nicht bestehe, so kann ich mir doch nicht einbilden, dass dessen Vorstellung mir nichts Reales biete, wie ich es eben von der Vorstellung der Kälte gesagt habe. Sie ist auch im höchsten Maasse klar und deutlich, und was ich klar und deutlich erfasse, ist wirklich und wahr, und was irgend eine Vollkommenheit enthält, ist ganz in ihr enthalten. Auch steht dem nicht entgegen, dass ich das Unendliche nicht begreife, und dass noch unzähliges Anderes in Gott ist, was ich nicht begreifen, ja vielleicht mit den Gedanken in keiner Weise erreichen kann; denn es gehört zur Natur des Unendlichen, dass es von mir, als Endlichem, nicht begriffen werden kann. Es genügt, dass ich dies einsehe und weiss, dass Alles, was ich klar erfasse und von dem ich weiss, dass es eine Vollkommenheit enthält, und vielleicht noch unzählig Vieles, was ich nicht kenne, entweder wirklich oder gegenständlich in Gott enthalten ist; so dass die Vorstellung, welche ich von ihm habe, von allen in mir befindlichen die wahrste, klarste und deutlichste ist.

Allein vielleicht bin ich etwas Grösseres, als ich denke, und vielleicht sind alle jene Vollkommenheiten, die ich Gott beilege, dem Vermögen nach in mir, wenn sie sich auch noch nicht äussern und in Thätigkeiten hervortreten. Denn ich bemerke schon, dass die Kenntniss meiner allmählich zunimmt, und ich wüsste nicht, weshalb sie nicht mehr und mehr ins Unendliche zunehmen könnte, und weshalb, wenn dieses geschähe, ich nicht mit deren Hülfe auch alle übrigen Vollkommenheiten Gottes erlangen könnte, und endlich, weshalb das Vermögen zu diesen Vollkommenheiten, wenn es in mir ist, nicht zureichen sollte, um die Vorstellung derselben hervorzubringen.

Allein nichts von dem kann sein; denn gesetzt auch, dass mein Wissen allmählich zunimmt, und Vieles in mir dem Vermögen nach ist, was noch nicht in Thätigkeit übergegangen ist, so bezieht sich doch nichts davon auf die Vorstellung von Gott, in der überhaupt nichts blos als Vermögen ist; denn schon das allmähliche Zunehmen ist ein sicheres Zeichen der Unvollkommenheit. Wenn übrigens mein Wissen auch sich allmählich vermehrt, so weiss ich doch, dass es deshalb niemals in Wirklichkeit unendlich werden wird, weil es nie dahin gelangen wird, dass es keiner weiteren Vermehrung fähig wäre. Von Gott nehme ich aber an, dass er so in Wirklichkeit unendlich ist, dass seine Vollkommenheit nicht vermehrt werden kann. Und endlich erkenne ich, dass das gegenständliche Sein der Vorstellung nicht blos von dem Vermögen zu Sein, was eigentlich nichts ist, sondern nur von dem wirklichen oder formalen Sein hervorgebracht werden kann.

Alles hierbei ist für den Aufmerksamen schon nach dem natürlichen Licht offenbar; wenn ich indess weniger aufmerke, und die Bilder der sinnlichen Dinge den Blick meines Denkens verdunkeln, so fasse ich es nicht so leicht, weshalb die Vorstellung eines vollkommneren Wesens, als ich bin, nothwendig von einem Wesen ausgehen müsse, was wirklich vollkommner ist; deshalb scheint eine fernere Untersuchung nöthig, ob ich selbst mit einer solchen Vorstellung sein könnte, wenn kein solches Wesen bestände.

Woher wäre ich nämlich dann? Von mir selbst entweder, oder von den Eltern oder von etwas Anderem, welches unvollkommner als Gott wäre; denn etwas Vollkommneres oder nur gleich Vollkommnes als Gott kann weder gedacht noch vorgestellt werden. Wenn ich aber von mir selbst wäre, so würde ich nicht zweifeln, nicht begehren, und nichts überhaupt würde mir mangeln; denn ich würde mir alle Vollkommenheiten, deren Vorstellung in mir ist, gegeben haben, und so würde ich selbst Gott sein. Auch darf ich nicht meinen, dass das mir Fehlende vielleicht schwerer zu erlangen sei als das, was jetzt in mir ist; vielmehr würde es offenbar viel schwieriger gewesen sein, dass ich, also ein denkendes Ding oder Substanz, aus nichts entstände, als dass ich die Kenntniss vieler unbekannten Dinge erwürbe, die nur die Accidenzen dieser Substanz sind. Gewiss also würde ich, wenn ich dieses Grössere vor mir hätte, mir wenigstens nicht das verweigert haben, was leichter zu haben ist, und ebensowenig alles Andere, was ich als in der Vorstellung Gottes enthalten weiss, da es nicht schwerer herzustellen scheint. Wäre es aber schwerer herzustellen, so würde es gewiss mir auch schwerer erscheinen; sofern ich nämlich das Uebrige, was ich habe, wirklich von mir hätte, weil ich wahrnähme, dass meine Macht hier ein Ende hätte.

Ich kann auch der Kraft dieser Gründe nicht damit entgehen, dass ich annehme, ich sei immer so wie gegenwärtig gewesen, mithin brauche kein Urheber meines Daseins aufgesucht zu werden. Denn die ganze Zeit meines Lebens kann in unzählige Theile getheilt werden, von denen keiner von dem anderen abhängt. Deshalb folgt daraus, dass ich kurz vorher gewesen bin, nicht, dass ich jetzt sein müsse, wenn nicht eine Ursache mich für diesen Zeitpunkt wieder erschafft, d. h. mich erhält. Denn wer auf die Natur der Zeit Acht hat, erkennt klar, dass es derselben Kraft und Thätigkeit bedarf, um eine Sache in den einzelnen Zeitpunkten ihrer Dauer zu erhalten, wie sie von Neuem zu erschaffen, wenn sie noch nicht bestände. Deshalb unterscheidet sich die Erhaltung von der Erschaffung blos im Denken, und dieser Satz ist einer von denen, die durch das natürliche Licht offenbar sind. Ich muss mich deshalb selbst fragen, ob ich wohl eine Kraft habe, um zu bewirken, dass ich, der ich jetzt bin, auch bald nachher sein werde. Denn da ich nur ein denkendes Ding bin, oder ich wenigstens jetzt nur von dem Theil meiner handle, welcher das denkende Ding ist, so würde ich unzweifelhaft von einer solchen Kraft wissen, wenn sie in mir wäre.

Allein ich nehme keine solche wahr und erkenne daraus auf das überzeugendste, dass ich von einem von mir verschiedenen Wesen abhänge.

Indess ist jenes Wesen vielleicht nicht Gott, und ich bin von meinen Eltern oder von einer anderen, weniger vollkommenen Ursache als Gott hervorgebracht. Nun ist aber nach dem Früheren klar, dass in der Ursache mindestens ebenso viel wie in der Wirkung sein müsse. Da ich nun ein denkendes Ding bin, was eine Vorstellung von Gott hat, so muss auch von meiner Ursache, welche sie auch sei, gelten, dass sie ein denkendes Ding ist, und dass sie eine Vorstellung von allen Vollkommenheiten hat, die ich Gott zutheile, und man kann von dieser Ursache wieder fragen, ob sie von sich oder einem Anderen herrührt. Ist das Erstere, so erhellt aus dem Obigen, dass sie Gott selbst ist, denn hat sie die Kraft, durch sich zu sein, so hat sie unzweifelhaft auch die Kraft, in Wirklichkeit alle Vollkommenheiten zu besitzen, deren Vorstellung sie in sich hat, d. h. alle die, welche ich als in Gott enthalten vorstelle. Ist die Ursache aber von einem Andern, so erhebt sich abermals die Frage, ob dieser Andere von sich oder von einem Anderen ist, bis man endlich zu der letzten Ursache gelangt, die Gott sein wird.

Denn es ist klar, dass hier ein Fortgang in das Unendliche nicht möglich ist, namentlich da es sich hier nicht blos um die Ursache handelt, die mich einst hervorgebracht hat, sondern vornehmlich auch um die, welche mich jetzt erhält.

Auch kann man nicht annehmen, dass vielleicht mehrere Theil-Ursachen zu meiner Hervorbringung zusammengewirkt haben, und dass ich von der einen die Vorstellung der einen Vollkommenheit Gottes empfangen habe, und von einer anderen die Vorstellung einer anderen, so dass alle jene Vollkommenheiten wohl in der Welt angetroffen würden, aber nicht in Einem verbunden, der Gott ist. Vielmehr ist die Einheit, Einfachheit und Untrennbarkeit alles in Gott Seienden eine von den vornehmsten Vollkommenheiten, welche ich in ihm kenne. Und sicherlich könnte die Vorstellung der Einheit aller jener Vollkommenheiten von keiner Ursache in mich gelegt werden, die mir nicht auch die Vorstellung der übrigen Vollkommenheiten gewährt hätte; denn sie hätte nicht bewirken können, dass ich sie alle als verbunden und untrennbar erkennte, wenn sie nicht zugleich bewirkt hätte, dass ich wüsste, welches die Einzelnen wären.

Was endlich die Eltern anbetrifft, so mag Alles wahr sein, was ich zu irgend einer Zeit von ihnen geglaubt habe; aber dennoch erhalten mich dieselben nicht, noch haben sie auf irgend eine Weise mich, soweit ich denkend bin, hervorgebracht; sondern sie haben nur gewisse Anlagen in jenen Stoff gelegt, dem ich, d. h. meine Seele (welche allein ich jetzt für mein Ich nehme), innezuwohnen annehme. Deshalb kann hier über sie keine Schwierigkeit entstehen, sondern es folgt daraus allein, dass ich bin, und dass die Vorstellung eines vollkommensten Wesens, d. h. Gottes, in mir ist, auf das offenbarste, dass Gott auch ist.

Ich habe nun noch zu untersuchen, auf welche Weise diese Vorstellung mir von Gott gegeben worden ist. Denn aus den Sinnen habe ich sie nicht geschöpft, noch ist sie mir unversehens zugekommen, wie dies mit den Vorstellungen sämmtlicher Dinge zu geschehen pflegt, wenn sie den äusseren Sinnesorganen begegnen oder zu begegnen scheinen. Diese Vorstellung ist auch nicht von mir selbst gebildet; denn ich kann ihr offenbar nichts abnehmen und nichts hinzufügen; sie kann mir also nur angeboren sein, ebenso wie die Vorstellung meiner selbst. Es ist auch nicht zu verwundern, dass Gott, als er mich erschuf, seine Vorstellung mir mitgegeben hat, die seinem Werke wie das Zeichen des Künstlers eingeprägt sein sollte; auch ist nicht nöthig, dass dieses Zeichen eine von dem Werke selbst verschiedene Sache sei, vielmehr ist daraus allein, dass Gott mich erschaffen hat, sehr glaubhaft, dass ich gleichsam nach seinem Bilde und ihm ähnlich gemacht worden bin, und dass jene Aehnlichkeit, in welcher die Vorstellung Gottes enthalten ist, von mir durch dasselbe Vermögen erkannt wird, durch welches ich mich selbst erkenne; d. h. wenn ich den Blick der Seele auf mich selbst wende, erkenne ich nicht nur, dass ich ein unvollständiges und von Anderen abhängiges Ding bin, ein Ding, was ohne Ende nach

Grösserem und immer Grösserem oder Besserem strebt, sondern ich erkenne auch, dass der, von dem ich abhängig bin, alles dieses Grössere nicht unbestimmt und nur dem Vermögen nach, sondern wirklich unendlich in sich hat und so Gott ist. Die ganze Kraft des Beweises liegt darin, dass ich erkenne, es sei unmöglich, dass ich mit dieser Natur, wie ich sie habe, nämlich mit der Vorstellung Gottes in mir, sein könnte, wenn in Wahrheit nicht auch Gott wäre; der Gott nämlich, dessen Vorstellung in mir ist, d. h. der alle jene Vollkommenheiten hat, die ich nicht begreifen, sondern mit den Gedanken gleichsam nur berühren kann, und der durchaus keinem Mangel unterliegt.

Daraus erhellt genügend, dass er nicht betrügerisch sein kann; denn es ist nach dem natürlichen Licht offenbar, dass aller Betrug und Täuschung von einem Mangel abhängig ist. Ehe ich indessen dies genauer untersuche und auf andere Wahrheiten, die daraus abgeleitet werden können, übergehe, will ich etwas in der Betrachtung Gottes selbst verweilen, seine Eigenschaften bei mir erwägen und die Schönheit dieses ungeheuren Lichtes, soweit es der Blick meines trüben Geistes zu ertragen vermag, anschauen, bewundern und anbeten. Denn so wie wir glauben, dass in diesem alleinigen Anschauen der göttlichen Majestät die höchste Seligkeit des jenseitigen Lebens besteht, so fühlen wir, dass wir schon durch das gegenwärtige, wenn auch viel unvollkommnere Anschauen das höchste Glück geniessen können, dessen wir in diesem Leben fähig sind. 69

Vierte Untersuchung.

*Ueber das Wahre und Falsche.*

Ich habe mich in diesen Tagen an die Abtrennung der Seele von den Sinnen so gewöhnt und habe so genau bemerkt, wie gering das von den körperlichen Dingen wahrhaft Erkannte ist, und wie ich weit mehr von der menschlichen Seele und noch viel mehr von Gott erkenne, dass es mir gar nicht mehr schwer fällt, meine Gedanken von den anschaulichen Dingen weg zu den begrifflichen und von allem Stoff gelösten zu wenden. Ich habe fürwahr eine viel deutlichere Vorstellung von der menschlichen Seele, soweit sie ein denkendes Wesen ist, was keine Ausdehnung in die Länge, Breite und Tiefe und nichts sonst von einem Körper als nur die Vorstellung desselben überhaupt hat; und während ich bemerke, dass ich zweifle, also ein unvollständiges und abhängiges Wesen bin, tritt mir die klare und deutliche Vorstellung eines unabhängigen und vollständigen Wesens, d. h. Gottes, entgegen. Daraus allein, dass eine solche Vorstellung in mir ist, oder dass ich mit einer solchen Vorstellung bestehe, schliesse ich völlig sicher, dass auch Gott ist, und dass von ihm mein Dasein in den einzelnen Zeitpunkten abhängt; ich bin überzeugt, dass der menschliche Geist nichts sicherer und offenbarer erkennen kann.

So glaube ich schon einen Weg zu erblicken, auf dem ich von der Betrachtung des wahren Gottes, in dem nämlich alle Schätze der Wissenschaft und Weisheit verborgen sind, zur Kenntniss der übrigen Dinge gelangen kann. Vor Allem erkenne ich die Unmöglichkeit, dass er mich täuschen sollte; denn in aller Täuschung und Betrug ist etwas von Unvollkommenheit enthalten,
70 und wenngleich die Fähigkeit, zu täuschen, ein Beweis von Scharfsinn oder Kraft zu sein scheint, so beweist doch der Wille, zu täuschen, unzweifelhaft eine Bosheit oder Schwäche und gehört deshalb nicht zu Gott. Ferner bemerke ich, dass eine gewisse Urtheilskraft in mir ist, die ich, wie alles Andere in mir, gewiss von Gott erhalten habe, und da Gott mich nicht täuschen will, so hat er mir gewiss nicht eine solche gegeben, bei deren rechtem Gebrauch ich irgend irren könnte. Auch könnte hierüber kein Zweifel bestehen, wenn nicht daraus scheinbar folgte, dass ich niemals irren könnte. Denn wenn ich Alles in mir von Gott habe, und er mir kein Vermögen, zu irren, gegeben hätte,
71 so könnte ich auch niemals irren. So lange ich daher an Gott denke und mich ganz mit ihm beschäftige, treffe ich keine Ursache des Irrthums oder der Unwahrheit an; wenn ich aber auf mich zurückkomme, sehe ich mich unzähligen Irrthümern aus-

gesetzt, und wenn ich nach deren Ursache forsche, bemerke ich, dass nicht blos die reale und positive Vorstellung Gottes oder eines vollkommensten Wesens, sondern auch eine gewisse verneinende Vorstellung des so zu sagen Nichts oder dessen, was von jeder Vollkommenheit am weitesten absteht, mir gegenübersteht, und dass ich gleichsam als etwas Mittleres zwischen Gott und dem Nichts oder zwischen dem höchsten Sein und Nichtsein aufgestellt bin. Soweit ich nun von dem höchsten Wesen geschaffen bin, ist nichts in mir, was mich täuschte oder in Irrthum führte; aber soweit ich auch gewissermassen an dem Nichts oder an dem Nicht-Sein Theil habe, d. h. insoweit ich das höchste Wesen selbst nicht bin, fehlt mir sehr Vieles, und es ist deshalb nicht zu verwundern, dass ich mich irre. So sehe ich wenigstens ein, dass der Irrthum als solcher nichts Reales ist, was von Gott kommt, sondern nur ein Mangel. Ich bedarf deshalb zu dem Irrthum keines Vermögens, das mir Gott zu dem Ende gegeben hätte, sondern mein Irren kommt daher, dass das Vermögen, das Wahre einzusehen, welches ich von ihm habe, in mir nicht unendlich ist.

Indess genügt dies noch nicht vollständig; denn der Irrthum ist keine reine Verneinung, sondern ein Mangel oder das Fehlen einer gewissen Kenntniss, die gewissermassen in mir sein sollte. Wenn ich nun auf die Natur Gottes Acht habe, scheint es mir unmöglich, dass er in mich ein in seiner Art nicht vollkommenes Vermögen oder ein Vermögen, was einer ihm zugehörigen Vollkommenheit entbehrt, gelegt haben sollte. Denn je erfahrener ein Werkmeister ist, desto vollkommnere Werke gehen von ihm aus; wie könnte daher wohl von jenem höchsten Schöpfer aller Dinge etwas gemacht sein, was nicht in allen Richtungen vollkommen wäre? – Unzweifelhaft konnte Gott mich so erschaffen, dass ich niemals irrte; auch will er unzweifelhaft immer das Beste; ist es nun besser, dass ich irre, als dass ich nicht irre? – Während ich dies genauer erwäge, fällt mir zunächst bei, dass ich mich nicht wundern darf, wenn von Gott etwas geschieht, dessen Grund ich nicht einsehe, und dass ich an seinem Dasein nicht deshalb zweifeln darf, weil ich zufällig Einiges bemerke, von dem ich nicht begreife, weshalb und wie es von ihm gemacht ist. Denn da ich weiss, dass meine Natur sehr schwach und beschränkt ist, Gottes Natur aber unermesslich, unbegreiflich, unendlich, so weiss ich hiervon auch, dass er Unzähliges vermag, dessen Ursachen ich nicht kenne. Dieses allein hebt nach meiner Meinung den Gebrauch aller jener Gründe bei den physischen Dingen auf, welche von dem Zweck entlehnt werden; denn ich kann nicht ohne Verwegenheit meinen, die Zwecke Gottes auszufinden.

Ich bemerke ferner, dass nicht ein Geschöpf für sich, sondern das Ganze aller Dinge berücksichtigt werden muss, wenn man untersucht, ob die Werke Gottes vollkommen sind. Denn das, was vielleicht nicht mit Unrecht sehr unvollkommen erscheint, wenn es für sich betrachtet wird, ist in der Auffassung als Theil der Welt durchaus vollkommen, und obgleich ich an Allem habe zweifeln wollen und von nichts als von mir und Gott sicher das Dasein erkannt habe, so kann ich doch, nachdem ich die Allmacht Gottes erkannt habe, nicht leugnen, dass vieles Andere von ihm gemacht ist oder wenigstens gemacht werden konnte, mithin ich nur in dem Verhältniss eines Theiles zur Gesammtheit der Dinge stehe.

Wenn ich dann näher an mich herantrete und erforsche, welcher Art die Irrthümer seien (die allein eine Unvollkommenheit in mir beweisen), so bemerke ich, dass sie von zwei Umständen, die zugleich zusammentreffen, bedingt sind; nämlich von den in mir befindlichen Vermögen, zu erkennen, und von dem Vermögen, zu wählen, oder der Wahlfreiheit; also von dem Verstande und zugleich von dem Willen. Denn durch den Verstand allein erfasse ich nur Vorstellungen, von denen ich urtheilen kann, dass kein eigentlicher Irrthum im genauen Sinne in ihnen angetroffen wird. Denn wenn es vielleicht auch unzählige Dinge giebt, von denen ich keine Vorstellungen in mir habe, so kann man doch nicht sagen, dass ich deren beraubt bin, sondern dass ich nur negativ ihrer ermangele. Ich kann nämlich keinen Grund beibringen, welcher bewiese, dass Gott mir ein grösseres Vermögen, zu erkennen, als geschehen, hätte zutheilen müssen. So sehr ich ihn also als einen erfahrenen Werkmeister anerkenne, so nehme ich doch nicht an, dass er in die einzelnen seiner Werke *alle* Vollkommenheiten hätte legen müssen, welche er in *einige* legen kann. Auch kann ich mich nicht beklagen, dass ich keinen umfassenden und vollkommenen Willen oder Wahlfreiheit von Gott empfangen habe, denn ich bemerke, dass sie durch keine Schranken beengt ist. Und es ist auch, was mir sehr bemerkenswerth scheint, nichts Anderes in mir so vollkommen und so gross, dass ich nicht einsehe, es könnte vollkommener und grösser sein. Denn wenn ich z. B. mein Vermögen, zu erkennen, betrachte, so sehe ich sogleich, dass es sehr gering und sehr beschränkt in mir ist, und bilde mir gleichzeitig die Vorstellung eines andern grösseren, ja eines grössten und unendlichen solchen Vermögens und weiss, dass es blos deshalb, weil ich dessen 75 Vorstellung bilden kann, zu Gottes Natur gehört. Wenn ich in derselben Weise das Vermögen der Erinnerung oder Einbildung oder sonst ein anderes untersuchte, so finde ich sie alle schwach und beschränkt in mir und unermesslich in Gott. Nur den Willen oder die Wahlfreiheit nehme ich so gross in mir wahr, dass ich die Vorstellung einer grösseren nicht fassen kann. Deshalb ist dieser Wille es vorzüglich, auf dessen Grund ich annehme, dass ich ein Bild von Gott bin und eine Aehnlichkeit mit ihm in mir habe. Denn der Wille ist allerdings in Gott unvergleichlich grösser als in mir, sowohl in Beziehung auf die mit ihm verbundene Erkenntniss und Macht, die ihn fester und wirksamer machen, als auch in Beziehung auf den Gegenstand, weil er auf Mehreres sich erstreckt; allein in sich, in Wirklichkeit und genau betrachtet, erscheint er bei Gott nicht grösser, weil er nur darin besteht, dass wir etwas thun oder nicht thun können (d. h. bejahen oder verneinen, begehren oder verabscheuen), oder vielmehr darin, dass wir das, was der Verstand uns vorlegt, zu bejahen oder zu verneinen, zu begehren oder zu verabscheuen, so bestimmt werden, dass wir fühlen, keine äussere Kraft nöthige uns dazu. Denn es ist nicht erforderlich, dass ich mich zu beiden 76 Seiten wenden könne, um frei zu sein; vielmehr erwähle ich die eine um so freier, je mehr ich zu dieser mich neige, sei es, weil ich den Grund des Wahren und Guten in ihr klar erkenne, oder weil Gott meine innersten Gedanken so bestimmt. Auch vermindert weder die göttliche Gnade noch die natürliche Erkenntniss irgendwie die Freiheit; vielmehr vermehren und stärken sie dieselbe. Jene Gleichgültigkeit aber, die ich empfinde, wenn kein Grund mich mehr auf die eine als auf die andere Seite treibt, ist der niedrigste Grad der Freiheit und keine Vollkommenheit derselben; vielmehr zeugt sie nur von einem Mangel in der Erkenntniss oder von einer Verneinung. Denn wenn ich immer deutlich das Wahre und Gute schaute, so würde ich niemals über mein Urtheil und meine Wahl schwanken und so, obgleich vollkommen frei, doch niemals gleichgültig sein.

Hieraus entnehme ich, dass auch das Vermögen, zu wollen, was ich von Gott habe, an sich betrachtet, nicht die Ursache meiner Irrthümer sein kann; denn es ist das Umfassendste und in seiner Art vollkommen. Ebensowenig kann das Vermögen, zu erkennen, der Grund sein; denn was ich erkenne, erkenne ich unzweifelhaft richtig, da ich das Erkennen von Gott habe, und ich kann mich darin nicht täuschen. Woher kommen also meine Irrthümer? – Offenbar aus dem Einen, dass mein Wille sich weiter erstreckt als mein Verstand, und ich jenen nicht in denselben Schranken halte, sondern auch auf das, was ich nicht einsehe, ausdehne. Da der Wille hier durch nichts bestimmt wird, so weicht er leicht von dem Wahren und Guten ab, und so irre und sündige ich.

Als ich z. B. in diesen Tagen untersuchte, ob etwas in der Welt bestände, und ich aus diesem blossen Untersuchen die deutliche Folge entnahm, dass ich selbst bestände, so konnte ich nicht leugnen, dass das, was ich so klar und deutlich einsah, wahr sei. Ich wurde dabei durch keine äussere Gewalt genöthigt; sondern aus dem grossen Lichte im Verstande ist eine grosse Neigung in dem Willen gefolgt, und so habe ich um so mehr von selbst und freiwillig das geglaubt, je weniger ich mich dazu gleichgültig verhielt. Jetzt aber weiss ich nicht allein, dass ich, insoweit ich ein denkendes Wesen bin, bestehe, sondern es tritt mir auch die Vorstellung einer körperlichen Natur entgegen, und es trifft sich, dass ich zweifle, ob die denkende Natur, die in mir ist, oder die ich vielmehr selbst bin, von jener körperlichen Natur verschieden ist, oder ob beide dasselbe sind. Ich nehme an, dass meinem Verstande sich noch kein Grund zeigt, der mich mehr für das Eine als für das Andere bestimmte; ich bin deshalb wenigstens unentschieden, ob ich eines von beiden bejahen oder verneinen oder nichts darüber aussagen soll. Diese Gleichgültigkeit erstreckt sich nicht blos auf das, wovon der Verstand gar nichts erkennt, sondern allgemein auf Alles, was von ihm nicht hinreichend zu der Zeit erkannt wird, wo der Wille in Betreff desselben schwankt. Denn wenn auch noch so viel wahrscheinliche Annahmen mich auf die eine Seite ziehen, so genügt doch das blosse Wissen, dass dies nur Vermuthungen, aber keine zuverlässigen und unzweifelhaften Gründe sind, um meine Zustimmung dem Gegentheil zuzuwenden. Ich habe dies sattsam in diesen Tagen erfahren, wo ich Alles, was ich früher für ganz zuverlässig hielt, deshalb allein, weil ich bemerkte, man könne dasselbe in einer Art bezweifeln, für durchaus falsch annahm. Wenn ich nun, so lange als ich das Wahre nicht klar und deutlich erkenne, mich des Urtheils enthalte, so ist klar, dass ich richtig handle und mich nicht irre. Vielmehr gebrauche ich, wenn ich in solchem Falle behaupte oder leugne, mein Urtheil nicht richtig, und ich werde ganz getäuscht, wenn ich auf die falsche Seite mich wende; erfasse ich aber die andere, so treffe ich zwar durch Zufall die Wahrheit, aber ich bin deshalb doch nicht ohne Schuld, weil es nach dem natürlichen Licht offenbar ist, dass die Erkenntniss des Verstandes immer den Entschluss des Willens vorausgehen muss. In diesem unrichtigen Gebrauch der Wahlfreiheit ist jener Mangel enthalten, welcher das Wesen des Irrthums ausmacht. Ich sage, der Mangel liegt in dem Handeln selbst, soweit es von mir ausgeht, und nicht in dem Vermögen, was ich von Gott empfangen habe; auch nicht in dem Handeln, soweit es von diesem abhängt. Denn ich habe keine Ursache, mich zu beklagen, dass Gott mir keine grössere Kraft des Verstandes oder kein grösseres natürliches Licht, als geschehen, gegeben hat, weil es dem endlichen Verstande eigen ist, dass er

Vieles nicht einsieht, und dem erschaffenen Verstande, dass er endlich ist. Ich habe vielmehr dem, der mir niemals etwas schuldete, Dank für das von ihm Empfangene zu sagen und nicht zu meinen, dass ich von ihm beraubt worden, oder dass er das, was er mir nur nicht gegeben, mir genommen habe. Ich kann mich auch nicht beklagen, dass er mir einen Willen gegeben hat, der sich weiter als die Einsicht erstreckt; denn da der Wille nur in dem Einen, gleichsam Untheilbaren besteht, so gestattet es seine Natur nicht, ihm etwas abzunehmen, vielmehr schulde ich dem Geber um so mehr Dank, je umfassender der Wille ist. Endlich kann ich mich auch nicht darüber beklagen, dass Gott gemeinsam mit mir jene einzelnen Akte des Willens oder jene Urtheile hervorlockt, in denen ich irre; denn jene Akte sind durchaus gut und wahr, soweit sie von Gott abhängen, und meine Vollkommenheit ist dadurch grösser, dass ich sie hervorlocken kann, als wenn ich dies nicht könnte; der Mangel aber, in dem allein das wirkliche Wesen des Irrthums und der Schuld besteht, bedarf keiner Beihülfe Gottes, weil er nichts ist, und auf Gott als Ursache bezogen, nicht eine Beraubung, sondern nur eine Verneinung genannt werden muss. Denn es ist durchaus keine Unvollkommenheit in Gott, die mir die Freiheit gewährt, demjenigen beizustimmen oder nicht, dessen klare und deutliche Einsicht er nicht in meinen Verstand gelegt hat; vielmehr ist offenbar die Unvollkommenheit in mir, indem ich jene Freiheit nicht gut gebrauche und über Dinge urtheile, die ich nicht richtig einsehe.

Ich sehe indess, dass Gott es leicht möglich gewesen wäre, mich trotz meiner Freiheit und beschränkten Erkenntniss vor Irrthum zu schützen. Er brauchte nur meinem Verstande eine klare und deutliche Erkenntniss von Allem einzuflössen, was ich je überlegen würde; oder er brauchte es mir nur fest in das Gedächtniss einzuprägen, nie über einen nicht klar und deutlich eingesehenen Gegenstand zu urtheilen, so dass ich dies niemals vergessen konnte; auch sehe ich leicht ein, dass, wenn ich mich nur als Einzelnen beachte, ich dann vollkommener gewesen sein würde, wenn Gott mich so geschaffen hätte, als wie ich es jetzt bin. Aber ich kann nicht bestreiten, dass in der ganzen Gesammtheit der Dinge gewissermassen eine grössere Vollkommenheit ist, wenn einzelne Theile von Irrthum frei sind und andere nicht, als wenn alle sich einander gleich wären; und ich kann mich nicht beklagen, dass Gott gewollt hat, ich solle eine solche Person in der Welt vorstellen, welche nicht die vorzüglichste von allen und durchaus vollkommen ist.

Dazu kommt, dass, wenn ich auch nicht auf die erste Art mich aller Irrthümer enthalten kann, welche von der klaren Einsicht Alles dessen, worüber ich mich zu entschliessen habe, bedingt ist, ich es doch auf die andere Art vermag, welche nur davon bedingt ist, dass ich mich jedes Urtheils zu enthalten habe, wo die Wahrheit der Sache nicht klar ist. Denn wenngleich ich die Schwäche in mir bemerke, dass ich nicht immer an einem und demselben Gedanken festhalten kann, so kann ich doch durch häufige wiederholte Erwägung es erreichen, dass ich mich dessen, wo es nöthig, erinnere und so eine gewisse Gewohnheit, nicht zu irren, erlange.

Da hierin die grösste und vorzüglichste Vollkommenheit des Menschen besteht, so werde ich durch die heutige Untersuchung der Ursachen des Irrthums und der Unwahrheit nicht wenig gewonnen haben. Fürwahr kann es keine solche Ursachen ausser den dargelegten geben. Denn so oft ich den Willen bei dem Urtheilen so anhalte, dass er sich nur auf das erstreckt, was ihm deutlich und klar von dem Verstande geboten wird, so kann ich durchaus nicht irren. Denn jede klare und deutliche Vorstellung ist offenbar Etwas und kann deshalb nicht von Nichts kommen, sondern muss nothwendig Gott zum Urheber haben; ich sage, jenen höchst vollkommenen Gott, der nicht trügerisch sein kann; deshalb ist solche Vorstellung unzweifelhaft wahr.

Und so habe ich heute nicht blos gelernt, wovor ich mich zu hüten habe, um nicht zu irren, sondern auch, was ich zu thun habe, um die Wahrheit zu erlangen. Denn ich werde sie sicherlich erlangen, wenn ich nur auf das, was ich vollkommen einsehe, Acht habe, und dies von dem Uebrigen, was ich verworren und dunkel auflasse, trenne. Ich werde mich dessen in Zukunft befleissigen.

Fünfte Untersuchung.

*Ueber das Wesen der körperlichen Dinge und nochmals über Gott, dass er besteht.*

Noch bleibt mir Vieles über die Eigenschaften Gottes und Vieles über meine oder meiner Seele Natur zu erforschen; doch werde ich dies vielleicht an einem anderen Orte vornehmen, denn jetzt scheint nichts dringlicher (nachdem ich erkannt, was ich thun und wofür ich mich hüten muss, um die Wahrheit zu erlangen), als dass ich von den Zweifeln, in welche ich die vorgehenden Tage gerathen bin, mich befreie, und dass ich sehe, ob etwas Gewisses über die körperlichen Dinge erreicht werden kann. Ehe ich indess untersuche, ob dergleichen Dinge ausser mir bestehen, muss ich ihre Vorstellungen, so wie sie in meinem Denken sind, betrachten und sehen, was darin deutlich und was verworren ist. Bestimmt stelle ich mir nämlich die Grösse vor, welche die Philosophen gewöhnlich die stetige nennen, oder die Ausdehnung dieser Grösse oder vielmehr der grossen Gegenstände nach Länge, Breite und Tiefe; ich zähle darin verschiedene Theile, und ich schreibe diesen Theilen Grössen, Gestalten, Längen und örtliche Bewegungen und diesen Bewegungen eine gewisse Zeitdauer zu. Indess sind mir nicht blos diese so allgemein betrachteten Bestimmungen völlig bekannt und klar, sondern ich erfasse auch, wenn ich aufmerke, unzählig vieles Besondere über Gestalten, Zahlen, Bewegung und Aehnliches, dessen Wahrheit so offenbar und meiner Natur entsprechend ist, dass ich bei ihrer ersten Aufdeckung scheinbar nichts Neues erfahre, sondern nur eines früher Gewussten mich entsinne oder nur auf das erst aufmerksam werde, was schon längst in mir war, wenn ich auch früher den Blick der Seele nicht darauf gerichtet hatte. Und was das Bemerkenswertheste ist, ich finde unzählige Vorstellungen von Dingen in mir, die, wenn sie vielleicht nirgends ausser mir bestehen, doch kein Nichts genannt werden können, und obgleich ich gleichsam nach Belieben an sie denke, so sind sie doch nicht rein von mir erdacht, sondern haben ihre wahre und unveränderliche Natur. Wenn ich z. B. ein Dreieck mir vorstelle, so ist, wenn auch vielleicht eine solche Figur nirgends ausser meinen Gedanken besteht oder je bestanden bat, doch dessen Natur durchaus bestimmt, in seinem Wesen und seiner Gestalt unveränderlich und ewig und nicht von mir gemacht, noch von meiner Seele abhängig. Dies erhellt daraus, dass von diesem Dreieck verschiedene Eigenthümlichkeiten bewiesen werden können, wie, dass seine drei Winkel zwei rechten gleich sind, dass seinem gröbsten Winkel die grösste Seite gegenübersteht, und Aehnliches. Ich mag wollen oder nicht, so muss ich dies anerkennen, auch wenn ich früher bei der Vorstellung eines Dreiecks nicht daran gedacht habe, und es mithin von mir nicht erdacht sein kann. Denn es gehört nicht hierher, wenn ich sage, dass mir vielleicht von den äusseren Dingen durch die Sinneswerkzeuge diese Vorstellung des Dreiecks zugeführt worden sei, weil ich nämlich Gegenstände von solcher dreieckigen Gestalt bisweilen gesehen habe. Ich kann nämlich unzählige andere Figuren erdenken, die mir unzweifelhaft niemals durch die Sinne zugeführt worden sind, und ich kann doch von ihnen, wie von dem Dreieck, verschiedene Eigenschaften beweisen, die alle wahr sind, da ich sie klar erkenne, und die deshalb Etwas und kein reines Nichts sind. Denn es ist offenbar alles Wahre ein Etwas, und ich habe bereits ausführlich gezeigt, dass alles von mir klar Erkannte wahr ist; ja, selbst wenn ich es nicht dargelegt hätte, ist doch die Natur meiner Seele gewiss derart, dass ich dann doch beistimmen müsste, wenigstens so lange ich es klar einsehe; und ich entsinne mich, dass ich auch früher, wo ich mich auf die Gegenstände der Sinne vorzüglich verliess, solche Wahrheiten, die ich von den Figuren oder Zahlen oder anderen zur Arithmetik oder Geometrie oder überhaupt zur reinen und nicht angewandten Mathematik Gehörenden klar einsah, immer für die sichersten von allen gehalten habe.

Wenn nun daraus allein, dass ich die Vorstellung eines Dinges aus meinem Denken entnehmen kann, folgt, dass Alles, was ich als diesen Dingen zugehörend klar und deutlich erkenne, auch wirklich ihnen zugehört, kann da hieraus nicht auch ein Beweis für das Dasein Gottes entnommen werden? Gewiss finde ich seine Vorstellung, nämlich die eines höchst vollkommenen Wesens ebenso in mir, wie die Vorstellung irgend einer Figur oder Zahl, und ich erkenne ebenso klar und deutlich, dass das Immer-Sein zu ihrer Natur gehört, wie dass das, was ich über eine Figur oder Gestalt beweise, zur Natur dieser Figur oder Gestalt gehört. Wenn deshalb auch nicht Alles, was ich in den vorigen Tagen ermittelt habe, wahr wäre, so müsste doch das Dasein Gottes für mich wenigstens denselben Grad von Gewissheit haben, den bisher die mathematischen Wahrheiten gehabt haben.

Allerdings ist dies auf den ersten Blick nicht so klar, sondern scheint etwas sophistisch. Ich bin nämlich gewohnt, in allen anderen Dingen die Wesenheit von dem Dasein zu unterscheiden, und überrede mich deshalb leicht, dass letzteres auch von der Wesenheit Gottes getrennt werden könne, so dass Gott auch als nicht-seiend vorgestellt werden könne. Gebe ich jedoch genauer Acht, so erhellt, dass das Dasein Gottes ebenso wenig von seiner Wesenheit getrennt werden kann, als es bei dem Dreieck möglich ist, von dessen Vorstellung die Gleichheit seiner drei Winkel mit zwei rechten abzutrennen oder von der Vorstellung des Berges die des Thales zu trennen. Es ist also ebenso widersprechend, Gott (d. h. ein höchst vollkommenes Wesen), dem das Dasein fehlt (d. h. dem eine Vollkommenheit fehlt), zu denken, als einen Berg zu denken, dem das Thal fehlt.

Indess, wenn ich mich Gott ebenso nur als daseiend wie den Berg nur mit dem Thal denken kann, so folgt doch, wie aus der Vorstellung eines Berges mit einem Thale noch nicht folgt, dass ein Berg in der Welt ist, auch daraus, dass ich Gott als daseiend vorstelle, noch nicht, dass Gott ist. Denn mein Denken legt den Dingen keine Nothwendigkeit auf, und so wie ich mir ein geflügeltes Pferd vorstellen kann, obgleich kein Pferd Flügel hat, so kann ich vielleicht Gott das Dasein zutheilen, obgleich kein Gott besteht.

Allein hier steckt ein Trugschluss. Denn nicht daraus, dass ich den Berg ohne Thal nicht denken kann, folgt, dass irgendwo ein

Berg und Thal besteht, sondern nur, dass Berg und Thal, mögen sie bestehen oder nicht, von einander nicht getrennt werden können. Aber bei Gott kann ich ihn nur daseiend denken, und so folgt, dass das Dasein von Gott untrennbar ist, und dass er deshalb in Wahrheit besteht; nicht, weil mein Gedanke dies bewirkt oder einem Dinge eine gewisse Nothwendigkeit auflegt, sondern umgekehrt, weil die Nothwendigkeit der Sache selbst, nämlich des Daseins Gottes, mich bestimmt, dies zu denken. Denn es hängt nicht so von mir ab, Gott ohne Dasein zu denken (d.h. ein vollkommenstes Wesen, dem eine Vollkommenheit abgeht), wie ein Pferd mit oder ohne Flügel vorzustellen.

Auch darf man hier nicht sagen, dass es allerdings nothwendig werde, Gott als daseiend zu setzen, nachdem ich gesagt, dass er alle Vollkommenheiten habe; denn allerdings sei das Dasein eine solche; allein die vorgängige Annahme sei nicht nothwendig gewesen; denn es sei z.B. auch nicht nothwendig, anzunehmen, dass um alle Ecken einer viereckigen Figur ein Kreis beschrieben werden könne; wenn man es aber annähme, so müsste man anerkennen, dass um ein ungleichseitiges und schiefes Viereck ein Kreis beschrieben werden könne, was doch offenbar falsch sei.

Allein wenn es auch nicht nothwendig ist, dass ich irgendwie und wann auf den Gedanken Gottes komme, so ist es doch nothwendig, dass, wenn ich über ein erstes und höchstes Wesen zu denken beginne und dessen Vorstellung gleichsam aus dem Schatz meiner Seele entnehme, ich ihm alle Vollkommenheiten zutheile, wenn ich sie auch nicht alle aufzähle oder einzeln vorstelle. Diese Nothwendigkeit reicht vollkommen hin, um später, wenn ich das Dasein als eine Vollkommenheit erkenne, richtig zu schliessen, dass das erste und höchste Wesen besteht, gerade so, wie es nicht nothwendig ist, dass ich mir ein Dreieck vorstelle; will ich aber eine geradlinige Figur mit nur drei Winkeln betrachten, so muss ich ihr nothwendig das zutheilen, woraus die Gleichheit ihrer Winkel mit zwei rechten richtig folgt, auch wenn ich selbst dies zu dieser Zeit nicht bemerke. Wenn ich aber prüfe, welche Figuren von dem Kreis umschrieben

88 werden können, so ist die Annahme durchaus nicht nöthig, dass alle vierseitigen Figuren dazu gehören, ja, ich kann mir dies nicht einmal einbilden, so lange ich nur das zulassen will, was ich klar und deutlich einsehe.

Sonach ist ein grosser Unterschied zwischen solchen falschen Sätzen und den wahren, mir eingeborenen Vorstellungen, deren erste und vornehmste die Gottes ist. Denn ich sehe auf viele Arten ein, dass sie nichts Gemachtes ist, was von meinem Denken abhängt, sondern das Bild einer wahren und unveränderlichen Natur. Denn erstens kann kein anderes Ding von mir erdacht werden, zu dessen Wesen auch das Dasein gehörte, ausser Gott allein; sodann kann ich nicht zwei oder mehr solcher Götter vorstellen, vielmehr muss ich mit der Annahme des Daseins des Einen es als durchaus nothwendig einsehen, dass er auch schon von Ewigkeit bestanden hat und in Ewigkeit bleiben wird, und endlich erkenne ich noch Vieles in Gott, wobei von mir nichts abgenommen oder verändert werden kann. Welcher Beweisart indess ich mich auch bediene, immer kommt die Sache darauf zurück, dass nur das, was ich klar und deutlich einsehe, mich voll überzeugt. Aus dem, was ich so einsehe, kommt Einzelnes wohl Jedem vor, Anderes wird aber nur von denen entdeckt, die genauer hinsehen und sorgsam forschen; ist Letzteres aber einmal entdeckt, so gilt es nicht weniger sicher als Jenes. So zeigt es sich nicht so leicht, dass bei einem rechtwinkligen Dreieck das Quadrat der Grundlinie den Quadraten beider Seiten gleich ist, als dass jene Grundlinie dem grössten Winkel gegenübersteht; aber Jenes wird nicht weniger für wahr angenommen, nachdem es einmal eingesehen ist. In Bezug auf Gott aber würde ich, wenn ich nicht in Vorurtheilen befangen wäre und die Bilder der sinnlichen Dinge von allen Seiten mein Denken umlagerten, ihn am ersten und leichtesten anerkennen. *Denn was ist an sich offenbarer, als dass das höchste Wesen ist, oder dass Gott, bei dem allein das Dasein zu dessen Wesen gehört, besteht?* Wenn es auch aufmerksamer Betrachtungen bedurfte, um dies einzusehen, so bin ich doch jetzt hiervon nicht allein ebenso gewiss, wie von Allem, was mir am gewissesten erscheint, sondern ich bemerke ausserdem, dass die Gewissheit der übrigen Dinge von jener so abhängt, dass ohnedies nichts vollkommen erkannt werden kann. Denn wenn ich auch so beschaffen bin, dass ich das, was ich klar und deutlich einsehe, für wahr halten muss, so bin ich doch auch so beschaffen, dass ich den geistigen Blick nicht immer auf dieselbe Sache richten kann, um sie klar einzusehen, und dass oft die Erinnerung an frühere Urtheile hervortritt, so dass, wenn ich nicht weiter auf die Gründe Acht habe, weshalb ich früher so geurtheilt habe, andere Gründe beigebracht werden können, die, wenn ich Gott nicht kennte, mich leicht von meiner Meinung abbringen würden. So würde ich von keiner Sache eine wahre und sichere Wissenschaft haben, sondern nur unbestimmte und veränderliche Meinungen. So scheint es z. B. bei Betrachtung der Natur eines Dreiecks mir, der mit den Lehrsätzen der Geometrie vertraut ist, ganz klar, dass dessen drei Winkel zwei rechten gleich sind, und ich muss dies für wahr halten, so lange ich auf den Beweis Acht habe; allein sowie ich den geistigen Blick davon abwende, kann es, wenngleich ich mich entsinne, dass ich es klar eingesehen habe, doch leicht kommen, dass ich dessen Wahrheit bezweifele, wenn ich nämlich von Gott nichts wüsste. Denn ich kann mir einreden, dass ich derart von Natur gemacht worden, dass ich selbst in solchen Dingen bisweilen irre, die ich am klarsten einzusehen meine; insbesondere wenn ich bedenke, dass ich oft Vieles für wahr und gewiss gehalten habe, was ich später, durch andere Gründe bestimmt, für falsch erkannt habe. Nachdem ich aber eingesehen habe, dass Gott ist, habe ich auch erkannt, dass Alles von ihm abhängt, und dass er nicht trügerisch ist, und habe daraus abgenommen, dass Alles, was ich klar und deutlich einsehe, nothwendig wahr ist, auch wenn ich nicht mehr auf die Gründe Acht habe, die mich zu dem Fürwahrhalten bestimmt haben, sofern ich nur mich entsinne, dass ich es klar und deutlich eingesehen habe. Dann kann kein entgegengesetzter Grund beigebracht werden, der mich zu zweifeln veranlasst, sondern ich habe eine wahre und gewisse Erkenntniss. Dies gilt nicht blos von diesem, sondern von Allem, dessen ich mich entsinne, einmal bewiesen zu haben, wie von den Sätzen der Geometrie und Aehnlichem. Denn was wollte man mir jetzt noch entgegnen? Etwa, ich sei so beschaffen, dass ich leicht irrte? – Aber ich weiss nun, dass ich in dem, was ich klar einsehe, nicht irren kann. – Oder dass ich Vieles für wahr und gewiss gehalten habe, was ich später für falsch erkannt habe? – Allein von Solchem hatte ich nichts klar und deutlich erkannt, sondern hatte in Unkenntniss dieser Regel der Wahrheit aus anderen Gründen vielleicht das geglaubt, was ich später als unsicher entdeckte. – Was will man also sagen? Etwa (wie ich mir kürzlich entgegenhielt), dass ich vielleicht träume, d. h. dass Alles, was ich jetzt denke, nicht mehr wahr sei, als was mir im Traume begegnet? – Selbst dies ändert nichts, denn selbst wenn ich träumte, bleibt das, was meinem Verstande offenbar ist, durchaus wahr.

So sehe ich, dass die Gewissheit und Wahrheit aller Wissenschaft allein von der Erkenntniss des wahren Gottes abhängt; ehe ich daher ihn kannte, konnte ich von nichts eine vollkommene Erkenntniss haben. Jetzt aber kann mir Unzähliges bekannt und gewiss sein, sowohl von Gott selbst und anderen unkörperlichen Dingen als auch von der ganzen körperlichen Natur, welche der Gegenstand der reinen Mathematik ist.

## Sechste Untersuchung.

*Ueber das Dasein der körperlichen Dinge und den wirklichen Unterschied der Seele vom Körper.*

Es bleibt noch die Untersuchung über das Dasein der körperlichen Dinge. Ich weiss jetzt wenigstens, dass sie, soweit sie Gegenstände der reinen Mathematik sind, bestehen können, da ich diese klar und deutlich einsehe. Denn unzweifelhaft vermag Gott Alles das zu bewirken, was ich so einzusehen vermag, und ich habe nie angenommen, dass ihm etwas unmöglich sei, ausser wenn mir unmöglich war, es deutlich vorzustellen.

Ausserdem scheint auch aus dem Vorstellungsvermögen, dessen ich mich bediene, wenn ich es mit diesen körperlichen Dingen zu thun habe, zu folgen, dass sie sind; denn wenn man genauer betrachtet, was dieses Vorstellungsvermögen ist, so zeigt es sich nur als eine Anwendung des erkennenden Vermögens auf einen ihm am innigsten gegenwärtigen Körper, der mithin besteht.

Damit dies deutlich werde, untersuche ich zuerst den Unterschied zwischen dem Vorstellungsvermögen und dem reinen Erkennen. Wenn ich z. B. ein Dreieck mir vorstelle, so sehe ich nicht blos ein, dass es eine von drei Linien eingeschlossene Figur ist, sondern ich schaue zugleich jene drei Linien wie dem geistigen Blick gegenwärtig, und dies ist das, was ich bildlich vorstellen nenne. Wenn ich aber an ein Tausendeck denken will, so sehe ich zwar ebenso gut ein, dass es eine Figur ist, die aus tausend Seiten besteht, wie ich von dem Dreieck einsehe, dass es eine Figur ist, die aus drei Seiten besteht; aber ich kann mir nicht in gleicher Weise diese tausend Seiten bildlich vorstellen oder sie als gegenwärtig anschauen. Ich stelle mir dann wegen der Gewohnheit, immer etwas bildlich vorzustellen, wenn ich an körperliche Dinge denke, vielleicht verworren eine Figur vor, aber sie ist offenbar nicht jenes Tausendeck, weil sie nicht von der verschieden ist, die ich mir vorstellen würde, wenn ich an ein Zehntausendeck oder an eine Figur von noch mehr Seiten dächte. Auch nützt mir diese Vorstellung nichts, um die Eigenschaften zu erkennen, durch die sich das Tausendeck von anderen Vielecken unterscheidet. Wenn es sich aber um ein Fünfeck handelt, so kann ich zwar dessen Gestalt ohne Hülfe des bildlichen Vorstellens mir ebenso wie die Figur des Tausendecks denken, aber ich kann es zugleich auch mir bildlich vorstellen, indem ich nämlich den geistigen Blick auf dessen fünf Seiten richte und auf die Fläche, die sie einschliessen. Hier bemerke ich deutlich, dass ich einer eigenthümlichen geistigen Anstrengung bedarf, um bildlich vorzustellen, deren ich zu dem Denken nicht bedarf, und diese besondere Anstrengung der Seele zeigt deutlich den Unterschied zwischen dem bildlichen Vorstellen und der reinen Erkenntniss.

Ueberdem erwäge ich, dass diese in mir befindliche Kraft des bildlichen Vorstellens in ihrem Unterschied von der Kraft der Erkenntniss zu dem Wesen meiner, d. h. meiner Seele nicht gehört. Denn wenn jene auch nicht da wäre, so bliebe ich doch zweifellos derselbe wie jetzt. Daraus folgt, dass jene von einer anderen von mir verschiedenen Sache abhängt, und ich sehe leicht ein, dass, wenn ein Körper besteht, mit dem die Seele so verbunden ist, dass sie gleichsam zur Besichtigung jenes sich nach Belieben wendet, es möglich ist, dass ich durch diesen Körper selbst die körperlichen Dinge vorstelle. Mithin unterschiede sich diese Art zu denken von der reinen Erkenntniss nur dadurch, dass die Seele bei dem Erkennen sich gleichsam zu sich selbst wendet und eine von den ihr innewohnenden Vorstellungen anschaut; wenn sie aber bildlich vorstellt, wendet sie sich zum Körper und schaut in ihm etwas an, was der von ihr erkannten oder durch die Sinne empfangenen Vorstellung entspricht.

Ich sehe, sage ich, leicht ein, dass das bildliche Vorstellen so vor sich gehen kann, wenn ein Körper besteht, und da keine gleich passende andere Art, es zu erklären, sich zeigt, so nehme ich daraus mit Wahrscheinlichkeit ab, dass ein Körper besteht. Dies geschieht aber nur mit Wahrscheinlichkeit, und obgleich ich Alles genau erwäge, so sehe ich doch nicht, dass aus dieser bestimmten Vorstellung der körperlichen Natur, die ich in meinem bildlichen Vorstellen antreffe, ein Grund dafür entnommen werden kann, welcher das Dasein eines Körpers mit Nothwendigkeit ergiebt.

Ich pflege indess noch vieles Andere neben jener körperlichen Natur, welche der Gegenstand der reinen Mathematik ist, bildlich vorzustellen; so die Farben, die Töne, die Geschmäcke, den Schmerz und Aehnliches, keines aber so bestimmt; und weil ich dies besser durch die Sinne erfasse, von denen es mit Hülfe des Gedächtnisses zur Vorstellungskraft gelangt zu sein scheint, so wird, um dies bequemer abzuhandeln, mit derselben Sorgfalt auch von den Sinnen zu handeln und zu ermitteln sein, ob ich aus dem, was ich durch die Art des Denkens, welche ich den

Sinn nenne, erfasse, einen sicheren Beweis für das Dasein der körperlichen Dinge entnehmen kann.

Und zunächst habe ich also bei mir die Frage zu wiederholen, was denn das ist, was ich als das sinnlich Wahrgenommene früher für wahr gehalten habe, und weshalb ich dies gethan habe. Dann werde ich die Gründe zu erwägen haben, weshalb ich später dies in Zweifel gezogen habe, und endlich werde ich überlegen, was ich nunmehr von ihnen zu glauben habe.

Zuerst also habe ich gefühlt, dass ich einen Kopf, Hände, Füsse und die übrigen Glieder habe, aus denen jener Körper besteht, welchen ich als einen Theil von mir, ja vielleicht als mich selbst ansah. Und ich fühlte, dass dieser Körper sich unter vielen anderen befand, von denen er mancherlei Vortheil oder Nachtheil erleiden konnte, und ich mass diese Vortheile durch das Gefühl der Lust und die Nachtheile durch das Gefühl des Schmerzes. Und neben dem Schmerz und der Lust empfand ich in mir auch Hunger, Durst und andere solche Begehren, ebenso gewisse körperliche Neigungen zur Fröhlichkeit, zur Traurigkeit, zum Zorn und zu anderen Affekten; äusserlich aber fühlte ich ausser der Ausdehnung, Gestalt und Bewegung der Körper auch in denselben Härte, Wärme und andere fühlbare Eigenschaften; und ausserdem das Licht und die Farben und die Gerüche und die Geschmäcke, nach deren Verschiedenheit ich den Himmel, die Erde, die Meere und die übrigen Körper von einander unterschied. Und fürwahr, nicht ohne Grund nahm ich wegen der Vorstellungen aller dieser Eigenschaften, welche meinem Denken sich darboten, und die allein ich eigentlich und unmittelbar fühlte, an, dass ich gewisse Dinge wahrnähme, die von meinem Denken ganz verschieden sind, nämlich Körper, von denen diese Vorstellungen herkämen. Denn ich bemerkte, dass jene ohne all mein Zuthun mir zukamen, so dass ich keinen Gegenstand wahrnehmen konnte, obgleich ich wollte, wenn er nicht dem Sinnesorgan gegenwärtig war, noch die Wahrnehmung abhalten konnte, wenn er gegenwärtig war. Da nun die durch die Sinne empfangenen Vorstellungen viel lebhafter, ausdrücklicher und in ihrer Art deutlicher waren als die, welche ich selbst absichtlich im Denken bildete oder im Gedächtniss eingeprägt bemerkte, so schien es mir unmöglich, dass sie von mir selbst kommen sollten. Es blieb also nur übrig, dass sie von anderen Dingen kamen, und da ich von diesen Dingen keine Kenntniss anders woher als aus diesen Vorstellungen hatte, so musste meine Seele jene für diesen ähnlich halten.

Auch entsinne ich mich, dass ich eher die Sinne gebraucht habe als den Verstand, und ich sah, dass die von mir selbst gebildeten Vorstellungen nicht so ausgeprägt waren als die durch die Sinne empfangenen, und dass jene meist aus Theilen von diesen zusammengesetzt wurden, und so überredete ich mich leicht, dass ich durchaus keine Vorstellung im Verstande habe, die ich nicht vorher durch die Sinne empfangen hatte.

Auch hielt ich nicht ohne Grund jenen Körper, den ich aus einem besonderen Recht den meinen nannte, mir mehr angehörig als irgend einen anderen; denn ich konnte mich niemals von ihm so wie von den übrigen trennen; alle Begehren und Affekte empfand ich in ihm und für ihn, und endlich bemerkte ich den Schmerz und den Kitzel der Wollust in dessen Theilen und nicht in den ausserhalb seiner befindlichen Körpern. Weshalb aber aus dieser, ich weiss nicht wo, befindlichen Empfindung des Schmerzes eine Traurigkeit der Seele, und aus der Empfindung des Kitzels eine Lust folgt, und weshalb jenes nicht näher zu beschreibende Drängen des Bauches, was ich Hunger nenne, mich treibt, Speise zu nehmen, und jene Trockenheit der Kehle zum Trank treibt, und weshalb ähnlich die übrigen wirken, dafür hatte ich durchaus keinen anderen Grund, als dass die Natur es mich so gelehrt habe. Denn es besteht keine Verwandtschaft (wenigstens soweit ich es eingehe) zwischen diesem Drange und dem Willen, Speise zu nehmen, oder zwischen der Wahrnehmung einer Schmerz erregenden Sache und dem Gedanken der Traurigkeit, die von dieser Wahrnehmung entspringt.

Auch alles Andere, was ich von den Gegenständen der Sinne annahm, schien mich die Natur gelehrt zu haben; denn ich war eher überzeugt, dass dies sich so verhielte, als ich die Gründe erwogen hatte, woraus sich dies ergeben konnte.

Später indess haben mancherlei Erfahrungen allmählich das ganze Vertrauen, was ich auf die Sinne setzte, geschwächt. Denn zuweilen erschienen mir Thürme, die ich von ferne für rund gehalten hatte, in der Nähe viereckig, und die mächtigen Bildsäulen, die auf ihren Spitzen standen, schienen mir, von unten aus gesehen, klein. Durch unzählige solcher Fälle bemerkte ich, dass das Urtheil über die Gegenstände der äusseren Sinne getäuscht werde; aber nicht blos das der äusseren, sondern auch das der inneren Sinne. Denn was kann mir bekannter sein als der Schmerz? Dennoch habe ich mitunter von Personen, denen ein Arm oder ein Bein abgeschnitten worden war, vernommen, dass sie meinten, mitunter den Schmerz noch in dem Körpertheile zu fühlen, der ihnen fehlte. Deshalb schien auch der Schmerz, den ich in meinen Gliedern fühlte, mir nicht ganz gewiss zu sein.

Dem habe ich kürzlich noch zwei sehr allgemeine Zweifelsgründe zugefügt; der erste ist, dass ich Alles, was ich im Wachen wahrzunehmen glaube, auch zu Zeiten im Traume wahrzunehmen meine. Da nun von dem, was ich im Traume wahrnehme, ich nicht annehme, dass es von Dingen ausserhalb meiner herkommt, so sehe ich nicht ein, weshalb ich dies eher von denen annehmen soll, die ich im Wachen wahrzunehmen meine. Der andere Zweifelsgrund war, dass ich den Urheber meines Daseins nicht kannte, wenigstens dies annahm, und deshalb meine Natur sehr wohl so eingerichtet sein konnte, dass ich auch in den Dingen mich irrte, welche mir als die wahrhaftesten erschienen.

Auf die Gründe, weshalb ich vorher von der Wirklichkeit der sinnlichen Gegenstände überzeugt gewesen, konnte ich leicht erwidern, dass die Natur zu Vielem treibt, was die Vernunft abräth, und dass man deshalb auf das, was die Natur lehrt, nicht viel vertrauen dürfe. Wenn auch die Sinneswahrnehmungen von meinem Willen unabhängig sind, so meinte ich doch daraus nicht schliessen zu können, dass sie von Dingen kommen, die von mir verschieden wären; denn es besteht vielleicht in mir ein von mir noch nicht erkanntes Vermögen, was sie bewirkt.

Jetzt aber, wo ich beginne, mich und meinen Schöpfer besser

kennen zu lernen, nehme ich zwar nicht alles von den Sinnen Kommende ohne Unterschied für wahr; aber ich ziehe auch nicht Alles in Zweifel. Da ich weiss, dass Alles, was ich klar und deutlich erkenne, bei Gott so möglich ist, wie ich es erkenne, so genügt es erstens, dass ich eine Sache klar und deutlich ohne diese anderen erkennen kann, um mich des Unterschiedes derselben zu versichern; denn Gott kann wenigstens sie getrennt hinstellen. Es ist dabei gleichgültig, aus welchem Vermögen es geschieht, dass sie für verschieden gehalten werden. Deshalb folgere ich allein daraus, dass ich weiss, ich bin, und dass ich einstweilen nichts weiter als zu meiner Natur oder meinem Wesen gehörig kenne, als nur, dass ich ein denkendes Wesen hin, richtig, dass mein Wesen darin besteht, ein denkendes Ding zu sein. Vielleicht habe ich auch einen Körper (oder ich bin vielmehr dessen gewiss, wie ich später bemerken werde), der eng mit mir verbunden ist; allein da ich auf der einen Seite eine klare und deutliche Vorstellung von mir selbst als eines blos denkenden und nicht ausgedehnten Dinges habe, und auf der anderen Seite eine deutliche Vorstellung des Körpers als eines ausgedehnten und nicht denkenden Dinges, so ist es gewiss, dass ich von meinem Körper wahrhaft unterschieden bin und ohne ihn

101 bestehen kann.

Ich finde ferner in mir die Vermögen, auf verschiedene Weisen zu denken; so das Vermögen, bildlich vorzustellen, wahrzunehmen; und ich kann mich wohl als Ganzes deutlich und klar ohne diese vorstellen, aber nicht umgekehrt diese ohne mich, d. h. ohne eine erkennende Substanz, der sie innewohnen; denn ihre wirkliche Vorstellung schliesst einige Erkenntniss ein, und ich entnehme daraus, dass sie sich von mir wie die Sache von

102 ihren Zuständen unterscheiden.

Ich bemerke noch einige andere Vermögen, wie das, den Ort zu wechseln, verschiedene Gestalten anzunehmen, und Aehnliches; auch diese können so wenig wie die vorigen ohne irgend eine Substanz vorgestellt werden und können deshalb auch ohne sie nicht bestehen. Wenn sie aber bestehen, so ist klar, dass sie der körperlichen oder ausgedehnten Substanz innewohnen und nicht der erkennenden; denn ihre klare und deutliche Vorstellung enthält eine Ausdehnung, aber durchaus keine Einsicht.

Nun besteht zwar in mir ein leidendes Vermögen, wahrzunehmen, oder die Vorstellung der sinnlichen Dinge zu empfangen und zu erfassen; allein ich könnte davon keinen Gebrauch machen, wenn nicht auch ein thätiges Vermögen in mir oder einem Anderen bestände, was diese Vorstellungen bewirkte oder hervorbrächte. Dies kann aber fürwahr in mir selbst nicht sein, weil es keine Erkenntniss voraussetzt, und diese Vorstellungen ohne mein Zuthun, ja oft gegen meinen Willen hervortreten. Deshalb kann dieses Vermögen nur in einer von mir verschiedenen Substanz enthalten sein. Da nun diese alle Realität in gleichem oder grösserem Maasse *wirklich* enthalten muss, welche in den von diesem Vermögen hergebrachten Vorstellungen gegenständlich enthalten ist (wie ich früher bemerkt habe), so ist diese Substanz entweder ein Körper oder eine körperliche Natur, in der nämlich Alles wirklich enthalten ist, was in dem Vorstellen gegenständlich ist; oder es ist Gott oder irgend ein Geschöpf edler als der Körper, in welchem diese Realität in höherem Maasse wirklich ist.

Da nun aber Gott nicht täuscht, so ist klar, dass er weder aus sich unmittelbar diese Vorstellungen mir zusendet, noch durch Vermittelung eines Geschöpfes, in dem deren gegenständliche Realität nicht in gleichem, sondern in höherem Maasse wirklich wäre. Denn da Gott mir kein Vermögen, dies zu erkennen, gegeben hat sondern eine grosse Neigung, sie als von körperlichen Dingen kommend zu nehmen, so wüsste ich nicht, wie Gott nicht selbst als trügerisch gelten sollte, wenn sie anderswoher als von den körperlichen Dingen kämen. Deshalb haben die körperlichen Dinge wirklich Dasein.

103

Allein deshalb bestehen nicht alle gerade so, wie ich sie sinnlich wahrnehme; denn diese Wahrnehmung ist in vielen Stücken dunkel und verworren; doch bestellt wenigstens das von ihnen, was ich klar und deutlich einsehe, d.h. Alles das Allgemeine, was den Gegenstand der reinen Mathematik bildet.

Das Uebrige betrifft entweder nur Einzelnes, wie z.B., dass die Sonne diese bestimmte Grösse hat und von dieser Gestalt ist, oder es ist weniger klar eingesehen, wie das Licht, der Ton, der Schmerz und Aehnliches; dies ist zwar sehr zweifelhaft und ungewiss; allein da Gott nicht trügerisch ist, und es deshalb keine Unwahrheit in meinen Annahmen geben kann, für deren Berichtigung mir nicht auch ein Vermögen von Gott gegeben ist, so gewährt mir dies die sichere Hoffnung, dass ich auch hier die Wahrheit erreichen werde. Und offenbar hat Alles, was die Natur mich lehrt, etwas Wahrheit an sich. Denn unter Natur im Allgemeinen verstehe ich jetzt entweder nur Gott selbst oder die von Gott eingerichtete Ordnung der geschaffenen Dinge, und unter meiner Natur im Besonderen die Verbindung von alledem, was Gott mir zugetheilt hat.

Ueber nichts belehrt mich aber diese Natur so ausdrücklich als darüber, dass ich einen Körper habe, der sich schlecht befindet, wenn ich Schmerz empfinde, und der Speise oder Trankes bedarf, wenn ich Hunger oder Durst leide und Aehnliches. Ich darf deshalb nicht zweifeln, dass hierin einiges Wahre enthalten ist.

Auch lehrt mich die Natur durch jene Gefühle des Schmerzes, des Hungers, des Durstes u.s.w., dass ich nicht blos, wie der Schiffer in dem Schiffe, in meinem Körper gegenwärtig bin, sondern dass ich mit ihm auf das Engste verbunden und gleichsam gemischt bin, so dass ich eine Einheit mit ihm bilde. Denn sonst würde ich, der ich nur ein denkendes Wesen bin, bei Verletzungen meines Körpers keinen Schmerz fühlen, sondern nur im reinen Wissen diese Verletzung bemerken, wie der Schiffer durch das Gesicht bemerkt, wenn etwas im Schiff zerbricht, und ebenso würde ich, wenn der Körper der Speise oder des Trankes bedürfte, dies ausdrücklich erkennen, ohne die verworrenen Empfindungen des Hungers und Durstes zu haben. Denn offenbar sind diese Empfindungen des Durstes, Hungers, Schmerzes nur gewisse verworrene Arten des Denkens, welche von der Einheit und gleichsam Vermischung der Seele mit dem Körper herkommen.

Ich werde ferner von der Natur belehrt, dass meinen Körper verschiedene andere Körper umgeben, von denen ich einige aufzusuchen, andere zu vermeiden habe. Und offenbar schliesse ich aus der Wahrnehmung der sehr verschiedenen Farben, Töne, Gerüche, Geschmäcke, Wärme, Härte und Aehnlichem, dass in den Körpern, wovon diese verschiedenen Sinneswahrnehmungen herkommen, gewisse ihnen entsprechende Unterschiede sein müssen, wenn sie auch vielleicht ihnen nicht ähnlich sind. Ebenso erhellt daraus, dass manche von diesen Wahrnehmungen mir angenehm und andere unangenehm sind, dass mein Körper, oder ich vielmehr als Ganzes, aus Körper und Seele bestehend, verschiedene Vortheile oder Schäden von den umgebenden Körpern erleiden kann.

Dagegen giebt es vieles Andere, das mich scheinbar die Natur auch gelehrt hat, was aber in Wahrheit nicht von ihr, sondern von einer gewissen Gewohnheit, voreilig zu urtheilen, herrührt, und was deshalb leicht falsch sein kann; z. B. dass jeder Raum, in dem nichts meine Sinne erregt, leer sei, dass in einem warmen Körper etwas mit der in mir enthaltenen Vorstellung der Wärme ganz Aehnliches enthalten sei, dass in dem Weissen oder Grünen dieselbe Weisse oder Grüne enthalten sei, die ich wahrnehme, in dem Bitteren oder Süssen derselbe Geschmack u.s.w.; auch dass die Gestirne, Thürme und alle entfernten Körper gerade die Größe und Gestalt haben, die sie meinen Sinnen bieten, und Anderes dergleichen.

Damit ich indess hier nicht undeutlich die Sache auffasse, muss ich genauer bestimmen, was ich eigentlich mit den Worten, dass die Natur mich etwas lehre, meine. Denn ich nehme hier die Natur in einem engeren Sinne als dem einer Zusammenfassung Alles dessen, was mir Gott gegeben hat. Denn in dem Zusammengefassten bezieht sich Vieles auf die Seele allein, z. B. wenn ich erkenne, dass Geschehenes nicht ungeschehen sein könne, und alles Andere, was nach dem natürlichen Licht sich versteht, und von dem hier nicht die Rede ist; ebenso Vieles, was blos den Körper betrifft, z. B. dass er abwärts drängt, und Aehnliches, was ich hier auch nicht behandle; sondern nur das, was mir als einem aus Leib und Seele Zusammengesetzten von Gott gegeben ist. Deshalb lehrt diese Natur zwar, das zu fliehen, was das Gefühl des Schmerzes veranlasst, und das zu suchen, was das Gefühl der Lust und Aehnliches veranlasst; allein sie lehrt uns nicht ausserdem, dass wir aus diesen Sinneswahrnehmungen ohne vorgängige Prüfung des Verstandes etwas über die ausser uns befindlichen Dinge folgern, weil die Wahrheit hierüber zu erkennen zur Seele allein und nicht zu dem Zusammengesetzten zu gehören scheint. Obgleich daher ein Stern mein Auge nicht mehr als das Licht einer kleinen Kerze erregt, so ist doch darin kein realer oder positiver Drang zu glauben, dass der Stern nicht grösser sei; vielmehr habe ich dies in meiner Kindheit unverständiger Weise angenommen. Ebenso fühle ich bei Annäherung zum Feuer die Wärme, und bei zu grösser Annäherung den Schmerz, aber deshalb besteht kein Grund dafür, dass in dem Feuer etwas dieser Wärme und diesem Schmerz Aehnliches enthalten sei, sondern nur, dass darin etwas von irgend einer Beschaffenheit enthalten ist, was diese Gefühle der Wärme und des Schmerzes in mir bewirkt. Ebenso folgt daraus, dass in einem Raume nichts meine Sinne erregt, nicht, dass kein Körper darin enthalten ist, sondern ich verkehre hier und in vielen anderen Fällen aus Angewöhnung die Ordnung der Natur, weil ich die Sinneswahrnehmungen, womit die Natur der Seele nur hat zeigen wollen, was dem Ganzen, dessen Theil sie ist, nützlich oder schädlich ist, und wie weit sie denn auch hinlänglich klar und deutlich sind, als sichere Regeln der unmittelbaren Erkenntniss für das Wesen der ausser uns befindlichen Körper benutze, obgleich sie darüber nur sehr dunkele und verworrene Auskunft geben.

Schon oben habe ich erkannt, wie meine Urtheile trotz der Güte Gottes falsch ausfallen können; allein hier erhebt sich eine neue Schwierigkeit in Betreff dessen, was mir die Natur als zu erstreben oder zu fliehen zeigt, und ebenso in Betreff der inneren Sinne, wo ich Irrthümer bemerkt zu haben glaube, z. B. wenn Jemand, durch den angenehmen Geschmack einer Speise getäuscht, ein verborgenes Gift verschluckt. Aber selbst in diesem Falle treibt die Natur nur zur Erlangung dessen, was den angenehmen Geschmack enthält, aber nicht zu dem ihr völlig unbekannten Gift. Es kann deshalb daraus nur gefolgert werden, dass diese Natur nicht allwissend ist, was nicht wunderbar ist, da der Mensch ein beschränktes Ding ist, und ihm deshalb nur eine beschränkte Vollkommenheit zukommt.

Allein mitunter irrt man auch in dem, wozu die Natur treibt, wie z. B. die Kranken ein Getränk oder eine Speise verlangen, die ihnen bald darauf Schaden bringt. Es lässt sich hier vielleicht sagen, dass diese nur wegen ihrer verdorbenen Natur sich irren; allein dies hebt die Schwierigkeit nicht, weil der Kranke so gut wie der Gesunde das Geschöpf Gottes ist, und es ist deshalb bei jenem ebenso widersprechend, wenn er von Gott eine ihn betrügende Natur erhalten hat. Und so wie eine aus Rädern und Gewichten gefertigte Uhr nicht weniger genau alle Naturgesetze befolgt, wenn sie schlecht gefertigt ist und die Zeit schlecht anzeigt, als wenn sie allseitig den Wünschen des Künstlers entspricht, so betrachte ich auch den menschlichen Körper als eine Art Maschine, welche aus Knochen, Nerven, Muskeln, Adern, Blut und Haut so eingerichtet und zusammengesetzt ist, dass sie, auch wenn keine Seele in ihr bestände, doch alle die Bewegungen vollziehen würde, welche in ihr ohne Geheiss des Willens und deshalb nicht von der Seele ausgehen. Daher sehe ich leicht ein, dass es bei ihm ebenso natürlich ist, wenn er z. B. an der Wassersucht krank ist und deshalb an Trockenheit des Schlundes leidet, welche in der Seele das Gefühl des Durstes erregt, dass dann seine Nerven und andere Körpertheile davon ebenso erregt werden, und er den Trank nimmt, welcher die Krankheit steigert, als wenn er ohne einen solchen Fehler durch eine ähnliche Trockenheit des Schlundes veranlasst wird, einen ihm nützlichen Trank zu nehmen. Und obgleich ich mit Rücksicht auf den vorhergesetzten Zweck der Uhr sagen kann, dass sie von ihrer Natur abweicht, und ebenso auch von der Maschine des menschlichen Körpers als zu den in ihr gewöhnlichen Bewegungen gefertigt meinen kann, dass sie von ihrer Natur abweicht, wenn ihr Schlund trocken ist, während doch das Trockene zu ihrer Erhaltung nichts taugt: so bemerke ich doch, dass diese Auffassung der Natur von der anderen sehr verschieden ist. Denn diese ist nur ein Name, welcher von der denkenden Vergleichung des kranken Menschen und der schlechten Uhr mit der Vorstellung des gesunden Menschen und der guten Uhr abhängt, und welche den Dingen, von denen sie ausgesagt wird, äusserlich bleibt; unter jener Natur verstehe ich aber etwas in den Dingen wirklich Vorhandenes, was deshalb nicht ohne Wahrheit ist.

Wenn indess auch im Hinblick auf den an der Wassersucht leidenden Körper es nur eine äusserliche Bezeichnung ist, wenn Reine Natur verdorben genannt wird, weil sie einen trockenen Schlund hat und doch keines Trankes bedarf, so ist es doch im Hinblick auf das Zusammengesetzte oder auf die mit dem Körper geeinte Seele kein blosser Name, sondern ein wirklicher Irr-
110 thum der Natur, dass sie da dürstet, wo der Trank ihr schädlich ist. Es ist deshalb noch zu untersuchen, wie es sich mit der Güte Gottes verträgt, dass die Natur in diesem Sinne trügerisch ist.

Ich bemerke nämlich, dass vorzüglich darin ein grosser unterschied zwischen Seele und Körper ist, dass der Körper seiner Natur nach immer theilbar ist, die Seele aber durchaus untheilbar. Denn wenn ich hierbei mich als denkendes Wesen betrachte, so kann ich keine Theile in mir erkennen, sondern sehe mich nur als ein einiges und vollständiges Wesen; und obgleich mit dem ganzen Körper die ganze Seele geeint zu sein scheint, so kann man doch einen Fuss oder einen Arm oder irgend ein Glied des Körpers abschneiden, ohne dass der Seele dadurch etwas abgenommen wird. Auch können die Vermögen, zu wollen, wahrzunehmen, einzusehen u.s.w., nicht ihre Theile genannt werden, weil es ein und dieselbe Seele ist, welche will, welche wahrnimmt, und welche einsieht. Umgekehrt kann ich keine körper-
111 liche oder ausgedehnte Sache vorstellen, die ich nicht in Gedanken leicht theilte und dadurch erkennte, dass sie theilbar ist. Dies allein würde hinreichen, um mich zu belehren, dass die Seele vom Körper durchaus verschieden ist, wenn ich es nicht schon anderwärts wüsste.

Ich bemerke ferner, dass die Seele nicht von allen Theilen des Körpers unmittelbar erregt wird, sondern nur von dem Gehirn, und vielleicht nur von einem kleinen Theile desselben, nämlich von dem, worin der Gemeinsinn enthalten sein soll. So oft dieser Theil sich in demselben Zustande befindet, stellt er der Seele dasselbe dar, wenngleich die übrigen Theile des Körpers sich verschieden verhalten mögen, wie unzählige Versuche beweisen, die ich hier nicht herzuzählen brauche.

Ich bemerke ferner, dass die Natur des Körpers so beschaffen ist, dass kein Theil von einem anderen etwas entfernten Theile bewegt werden kann, ohne dass er nicht ebenso von jedem dazwischen liegenden ebenso bewegt werden könnte, wenn auch der entferntere sich ruhig verhielte. Wenn z. B. bei einem Seile A, B, C, D dessen letzter Theil D gezogen wird, so wird sich der erste A nicht anders bewegen, als wenn er nur von den zwischen liegenden Theilen B und C gezogen würde und der letzte D unbewegt bliebe. In ähnlicher Weise lehrt die Physik, dass, wenn ich am Fusse Schmerz fühle, dieses Gefühl mit Hülfe der in dem Fusse verbreiteten Nerven erfolgt, die gleich einem Seile von da zum Gehirn sich erstrecken, und wenn sie im Fusse angezogen werden, auch die inneren Theile des Gehirns, zu denen sie sich erstrecken, anziehen und eine Bewegung in ihnen veranlassen, welche von der Natur so eingerichtet ist, dass sie in der Seele das Gefühl eines in dem Fusse befindlichen Schmerzes veranlasst. Da indess diese Nerven das Schienbein, die Schenkel, die Lenden, den Rücken und den Hals durchlaufen müssen, um vom Fusse nach dem Gehirn zu gelangen, so kann es kommen, dass, wenn auch der in dem Fusse befindliche Theil nicht berührt wird, sondern nur ein mittlerer, doch dieselbe Bewegung in dem Gehirn erfolgt, als wenn der Fuss beschädigt würde. Die Seele muss dann nothwendig denselben Schmerz fühlen, und dasselbe muss man für jeden anderen Sinn annehmen.

Ich bemerke endlich, dass, da jede von den Bewegungen in dem Theile des Gehirns, welcher die Seele unmittelbar erregt, nur eine und dieselbe Empfindung in ihr erweckt, nichts Besseres hierbei ausgedacht werden kann, als wenn sie diejenige

Empfindung erweckt, die unter allen möglichen am meisten und häufigsten zur Erhaltung des gesunden Menschen beiträgt. Nun lehrt die Erfahrung, dass alle von der Natur uns zugetheilten Sinne von dieser Beschaffenheit sind, und dass deshalb Alles in ihnen die Macht und Weisheit Gottes bekundet. Wenn z. B. die Fussnerven heftig und ungewöhnlich bewegt werden, so giebt diese durch das Rückenmark zu dem Innern des Gehirns dringende Bewegung der Seele das Zeichen zu einer Empfindung, nämlich eines gleichsam im Fusse befindlichen Schmerzes, und so wird die Seele veranlasst, die Ursache desselben, als dem Fusse schädlich, möglichst zu entfernen.

Die menschliche Natur konnte aber von Gott auch so eingerichtet werden, dass dieselbe Bewegung im Gehirn etwas Anderes der Seele darstellte, etwa sich selbst, wie sie in dem Gehirn vorgeht, oder wie sie im Fusse ist, oder wie sie in den Zwischenstellen ist, oder irgend etwas Anderes; aber Alles dies würde nicht in gleicher Weise zur Erhaltung des Körpers beigetragen haben.

Ebenso entsteht, wenn man des Trinkens bedarf, davon eine Trockenheit in der Kehle, welche deren Nerven und mittelst dieses das Innere des Gehirns anregt. Diese Bewegung erweckt in der Seele das Gefühl des Durstes, weil bei diesem ganzen Vorgang wir nichts Nützlicheres erfahren konnten, als dass wir des Trinkens zur Erhaltung der Gesundheit bedürfen, und so verhält es sich auch mit dem Uebrigen.

Hieraus erhellt offenbar, dass es der unermesslichen Güte Gottes nicht widerspricht, wenn die Natur des aus Seele und Körper bestehenden Menschen mitunter getauscht wird. Denn es kann allerdings nicht im Fusse, sondern in einem anderen Theile des von dem Fusse zu dem Gehirn gehenden Nerven oder in dem Gehirn selbst ein Umstand dieselbe Bewegung veranlassen, wie sie durch Beschädigung des Fusses erfolgt, und es wird auch dann der Schmerz in dem Fusse gefühlt werden, und der Sinn wird natürlich getäuscht werden, weil dieselbe Bewegung im Gehirn immer dieselbe Empfindung in der Seele erwecken muss. Allein da diese Bewegung weit häufiger von einer den Fuss verletzenden Ursache zu entstehen pflegt, als von einer anderwärts befindlichen Ursache, so ist es vernünftig, dass sie der Seele den Schmerz viel mehr als in dem Fusse, wie in einem anderen Theile befindlich, darstellt. Und wenn in einem Falle die Trockenheit der Kehle nicht, wie gewöhnlich, aus einer zur Gesundheit des Körpers führenden Ursache, sondern aus einem anderen entsteht, wie es bei den Wassersüchtigen der Fall ist, so ist es viel besser, dass sie da getäuscht werde, als umgekehrt immer dann, wenn der Körper gesund ist. Gleiches gilt von den übrigen Fällen.

Diese Erwägung hilft mir nicht blos, alle Irrthümer, denen meine Natur unterworfen ist, zu erkennen, sondern sie auch zu vermeiden oder zu berichtigen. Denn wenn ich weiss, dass alle Sinne in Betreff dessen, was dem Körper nützlich ist, viel öfter das Wahre als das Falsche anzeigen, und ich immer mehrere Sinne zur Prüfung der Sache verwenden kann und ausserdem auch das Gedächtniss, welches das Gegenwärtige mit dem Vergangenen verbindet, und den Verstand, welcher alle Ursachen des Irrthums durchschaut, hier benutzen kann, so brauche ich nicht mehr zu fürchten, dass das von den Sinnen mir täglich Gebotene falsch sei, und jene übertriebenen Zweifel sind als lächerlich zu beseitigen. Dies gilt vorzüglich von dem wichtigsten in Betreff des Träumens, was ich von dem Wachen nicht unterscheide. Denn jetzt erkenne ich, dass beide darin sehr unterschieden sind, dass die Träume in dem Gedächtniss niemals mit den übrigen Handlungen des Lebens verbunden werden, wie es mit dem, was der Wachende erlebt, geschieht. Denn wenn mir im Wachen plötzlich Jemand erschiene und gleich wieder verschwände, wie es in den Träumen geschieht, so dass ich weder sähe, woher er käme, noch wohin er ginge, so würde ich es nicht mit Unrecht für eine blosse Erscheinung oder für ein Phantasiebild im Gehirn, aber nicht für einen wirklichen Menschen halten. Wenn ich aber von dem, was geschieht, genau bemerke, woher, wohin und wann es sich ereignet, und diese Wahrnehmungen ohne Unterbrechung mit dem ganzen übrigen Leben verknüpfe, so bin ich ganz gewiss, dass es mir nicht im Traume,

sondern im Wachen begegnet. Auch brauche ich über die Wahrheit dessen selbst nicht im Mindesten zu zweifeln, wenn ich alle Sinne, das Gedächtniss und den Verstand zu der Prüfung hinzunehme und von keinem dieser mir Etwas gemeldet wird, was
116 dem Uebrigen widerspricht. Denn da Gott nicht trügerisch ist, so folgt, dass ich überhaupt in solchen Fällen nicht getäuscht werde. Da indess die Nothwendigkeit des Handelns nicht immer eine solche Frist zur genauen Untersuchung gestattet, so muss man zugestehen, dass das menschliche Leben in Bezug auf die Einzelheiten oft den Irrthümern ausgesetzt bleibt, und man
117 muss die Schwäche unserer Natur anerkennen.

# Anhang

Die auf geometrische Art geordneten Gründe,
welche das Dasein Gottes und den Unterschied
der Seele von ihrem Körper beweisen.

### Definitionen.

1. Unter dem Namen *Denken* befasse ich Alles, was so in uns ist, dass wir dessen uns unmittelbar bewusst sind. Deshalb ist jedes Wollen, Einsehen, bildliche Vorstellen und sinnliche Wahrnehmen ein Denken. Ich habe »unmittelbar« beigefügt, um das auszuschliessen, was erst daraus folgt. So hat die willkürliche Bewegung zwar das Denken zu ihrem Ausgangspunkte, aber ist nicht selbst ein Denken.

2. Vorstellung nenne ich jene Form irgend eines Gedankens, durch deren unmittelbare Erfassung ich dieses Gedankens selbst bewusst bin. So kann ich nichts mit Worten ausdrücken, wenn ich nämlich weiss, was ich spreche, ohne dass nicht daraus offenbar erhellt, dass eine Vorstellung von dem, was jene Worte bezeichnen, in mir ist. Deshalb nenne ich nicht blos die in der Phantasie eingezeichneten Bilder Vorstellungen; ja ich nenne sie keineswegs Vorstellungen, soweit sie nur in der körperlichen Phantasie, d. h. in einem Theile des Gehirns eingezeichnet sind, sondern nur soweit sie die auf diesen Theil des Gehirns gerichtete Seele selbst unterrichten.

3. Unter »gegenständlicher (objektiver) Realität der Vorstellung« verstehe ich das Sein des durch die Vorstellung dargestellten Dinges, sofern dieses Sein in der Vorstellung ist. In diesem Sinne kann auch von einer gegenständlichen Vollkommenheit und von einem gegenständlichen Kunstwerk u.s.w. gesprochen werden. Denn Alles, was wir wahrnehmen, als in den Gegenständen der Vorstellungen befindlich, das ist in deren Vorstellungen »gegenständlich«.

4. Man sagt, dass dies »*formal*« in den Gegenständen der Vor-

stellungen ist, wenn es so in denselben ist, wie wir es erfassen; und dass es in »*höherem Maasse*« darin ist, wenn es zwar nicht in gleicher Art, aber doch in dem Grade darin ist, dass es die Stelle jenes vertreten kann.

5. Jedes Ding, dem unmittelbar, wie dem Subjekte, etwas innewohnt, oder durch das etwas besteht, was wir wahrnehmen, d. h. eine Eigenschaft oder Beschaffenheit oder ein Attribut, dessen reale Vorstellung in uns ist, heisst *Substanz*. Denn wir haben von der Substanz im strengen Sinn keine andere Vorstellung, als dass es ein Ding ist, in welchem *formal* oder in *höherem Maasse (eminenter)* das besteht, was wir wahrnehmen, oder was *gegenständlich* in einer unserer Vorstellungen ist. Denn das natürliche Licht lehrt, dass das Nichts kein reales Attribut haben kann.

6. Die Substanz, welcher unmittelbar das Denken einwohnt, ist die Seele. Ich brauche hier das Wort *Seele (mens)* statt des Wortes Lebensprinzip *(anima)*, weil dieses zweideutig ist und oft für körperliche Dinge gebraucht wird.

7. Die Substanz, welche das unmittelbare Subjekt der räumlichen Ausdehnung und der Accidenzen ist, welche die Ausdehnung voraussetzen, wie Gestalt, Länge, Ortsbewegung, heisst *Körper*. Ob das, was Seele und Körper heisst, eine Substanz ist oder zwei verschiedene, wird später untersucht werden.

8. Die Substanz, welche wir als höchst vollkommen erkennen, und in der wir nichts vorstellen, was einen Mangel oder eine Schranke der Vollkommenheit enthält, heisst *Gott*.

9. Wenn wir sagen, dass etwas in der Natur oder in dem Begriffe eines Dinges enthalten sei, so heisst dies so viel, als dass dies von dem Dinge wahr sei oder von ihm bejaht werden könne.

10. Zwei Substanzen heissen wirklich unterschieden, wenn jede von ihnen ohne die andere bestehen kann.

## Heische-Sätze (Postulate).

Ich verlange *zuerst,* dass die Leser inne werden, wie hinfällig die Gründe sind, aus denen sie bisher den Sinnen vertraut haben, und wie unsicher die Urtheile, die sie darauf gegründet haben. Sie mögen dies so lange und so oft bei sich bedenken, bis sie sich endlich gewöhnen, den Sinnen nicht mehr zu sehr zu vertrauen. Denn ich halte dies für nöthig, um in metaphysischen Dingen die Gewissheit zu erlangen.

*Zweitens* mögen sie die Seele selbst und alle ihre Attribute betrachten, die sie, wie sie bemerken werden, nicht in Zweifel ziehen können, auch wenn sie Alles das für falsch halten, was sie jemals durch ihre Sinne empfangen haben. Auch mögen sie nicht eher in dieser Betrachtung nachlassen, bis sie sich geübt haben, die Seele klar aufzufassen und als leichter erkennbar als alle körperliche Dinge einzusehen.

*Drittens* mögen sie die selbstverständlichen Sätze, die sie in sich antreffen, wie: dass etwas nicht zugleich sein und nicht sein könne; dass das Nichts nicht die wirkende Ursache eines Dinges sein könne, und Aehnliches, sorgsam bei sich erwägen und so jene von der Natur ihnen gegebene Klarheit des Verstandes, welche durch die Sinneswahrnehmungen stark gestört und verdunkelt zu werden pflegt, durch Uebung wieder reinigen und von letzteren befreien. Auf diese Weise wird ihnen die Wahrheit der folgenden Grundsätze leicht einleuchten.

*Viertens* mögen sie die Vorstellungen jener Naturen, welche eine Verbindung vieler Attribute enthalten, prüfen; dahin gehört die Natur des Dreiecks, des Vierecks und anderer Figuren; ebenso die Natur der Seele, die Natur des Körpers und vor Allem die Natur Gottes oder des vollkommensten Wesens. Mögen sie bedenken, dass Alles, was man als darin enthalten erkennt, wahrhaft von ihnen ausgesagt werden kann. So enthält die Natur des Dreiecks, dass dessen drei Winkel zwei rechten gleich sind, und die Natur des Körpers oder der ausgedehnten Sache die Theilbarkeit (denn man kann keine ausgedehnte Sache sich so klein vorstellen, dass man sie nicht, wenigstens in Gedanken, noch weiter theilen könnte), und deshalb kann man als wahr behaupten, dass die drei Winkel jedes Dreiecks zwei rechten gleich seien, und dass alle Körper theilbar seien.

132 *Fünftens* mögen sie lange und viel in der Betrachtung des vollkommensten Wesens verweilen und unter Anderem auch bedenken, dass die Vorstellung aller übrigen Naturen das Dasein nur als ein mögliches, die Vorstellung Gottes aber das Dasein nicht blos als ein mögliches, sondern als ein nothwendiges enthält. Daraus allein werden sie ohne weitere Ausführung Gottes Dasein erkennen, und es wird ihnen so selbstverständlich sein, wie dass die Zahl *Zwei* eine gleiche und die Zahl *Drei* eine ungleiche ist, und Aehnliches. Denn solche Sätze sind für Manche selbstverständlich, während Andere sie nur nach längerem Ueberdenken einsehen.

*Sechstens* mögen sie die Beispiele der klaren und deutlichen Erkenntniss, so wie der dunkelen und verworrenen erwägen, die ich in meinen Untersuchungen angeführt habe, und so sich gewöhnen, das klar Erkannte von dem Dunkeln zu unterscheiden. Denn dies lernt sich leichter durch Beispiele als durch Regeln, und ich glaube, dort alle dazu gehörenden Beispiele entweder beigebracht oder wenigstens berührt zu haben.

*Siebentens* endlich mögen sie bedenken, dass sie niemals in dem klar Erkannten eine Unwahrheit angetroffen haben, und umgekehrt in dem dunkel Erkannten nur zufällig eine Wahrheit gefunden haben, und dass es somit der Vernunft widerstreitet, wegen blosser Vorurtheile der Sinne oder wegen Hypothesen über unbekannte Dinge das von dem Verstande klar und deutlich Erfasste in Zweifel zu ziehen.

Wenn sie so verfahren, werden sie die nun folgenden Sätze als wahr und unzweifelhaft annehmen, obgleich allerdings die meisten davon besser gefasst und mehr als Lehrsätze wie als selbstverständliche Sätze hätten aufgestellt werden sollen, wenn
133 ich hätte genauer sein wollen.

Grundsätze (Axiome) oder Gemein-Begriffe.

1. Es giebt keine Sache, von der man nicht fragen kann, was die Ursache ihres Daseins ist. Denn selbst bei Gott kann man das fragen, nicht weil er eine Ursache zu seinem Dasein bedürfte, sondern weil die Unendlichkeit seiner Natur die Ursache oder der Grund ist, weshalb er keiner Ursache zu seinem Dasein bedarf.

2. Die gegenwärtige Zeit hängt nicht von der vorhergegangenen ab; deshalb bedarf es keiner geringeren Ursache zur Erhaltung einer Sache als zu ihrer ersten Hervorbringung.

3. Keine wirklich bestehende Sache und Vollkommenheit einer Sache kann das *Nichts* oder eine nicht seiende Sache zur Ursache ihres Daseins haben.

4. Alles, was an Realität oder Vollkommenheit in einer Sache ist, ist formal oder in höherem Maasse *(eminenter)* in dessen erster und zureichender Ursache.

5. Hieraus folgt auch, dass die gegenständliche Realität unserer Vorstellungen eine Ursache verlangt, in welcher diese Realität nicht blos gegenständlich, sondern formal oder in höherem Maasse enthalten ist. Man halte fest, dass dieser Grundsatz so nothwendig anzunehmen ist, dass von ihm allein die Erkenntniss aller sinnlichen wie unsinnlichen Dinge abhängt. Woher wissen wir z. B., dass ein Himmel ist? Etwa weil wir ihn sehen? Aber dieses Sehen trifft die Seele nur als Vorstellung; ich sage, als eine der Seele innewohnende Vorstellung, und nicht als ein Bild, was in der Phantasie abgezeichnet ist. Und von dieser Vorstellung kann man nur schliessen, dass der Himmel besteht, weil jede Vorstellung für ihre gegenständliche Realität eine wirklich bestehende zur Ursache haben muss, für welche Ursache wir den Himmel selbst annehmen, und dasselbe gilt für alles Andere.

6. Es giebt verschiedene Grade der Realität oder des Seins. Denn die Substanz enthält mehr Realität als das Accidenz oder der Zustand, und eine unendliche Substanz mehr als eine endliche. Deshalb ist auch mehr gegenständliche Realität in der

Vorstellung der Substanz als in der des Accidenz, und mehr in einer unendlichen als endlichen Substanz.

7. Der Wille eines denkenden Wesens bestimmt sich zwar willkürlich und freiwillig (denn dies gehört zu dem Wesen des Willens), aber dennoch untrüglich zu dem ihm als gut Bekannten. Wenn es daher Vollkommenheiten kennen lernt, die ihm fehlen, so wird es sich sofort dieselben geben, wenn sie in seiner Macht sind.

8. Wer das Schwerere oder Grössere bewirken kann, kann auch das Geringere bewirken.

9. Das Schaffen und Erhalten der Substanz ist grösser als das der Attribute und Eigenschaften der Substanz; aber das Schaffen desselben ist nicht grösser als das Erhalten, wie schon bemerkt worden ist.

10. In der Vorstellung oder dem Begriffe jeder Sache ist das Sein enthalten, weil man etwas nur als seiend auffassen kann. In dem Begriffe einer beschränkten Sache ist dieses Sein als möglich oder zufällig enthalten, in dem Begriffe eines vollkommensten Wesens aber als nothwendig und vollkommen.

**Erster Lehrsatz.** Das Dasein Gottes wird ans der blossen Betrachtung seiner Natur erkannt.

*Beweis.* Es ist dasselbe, zu sagen, dass etwas in der Natur oder in dem Begriffe einer Sache enthalten ist, wie, dass dies von der Sache wahr ist (Defin. 9); nun ist das nothwendige Dasein in dem Begriff Gottes enthalten (Grundsatz 10); also ist der Satz von Gott wahr, dass das nothwendige Dasein in ihm ist, oder dass er besteht. Dies ist der Schluss, dessen schon oben bei der sechsten Einwendung gedacht worden, und seine Folgerung kann für Alle selbstverständlich sein welche von Vorurtheilen frei sind, wie in der fünften Forderung gesagt worden. Da es indess nicht leicht ist, zu dieser vollen Klarheit zu gelangen, so wollen wir dasselbe in anderer Weise suchen.

**Zweiter Lehrsatz.** Das Dasein Gottes wird daraus allein, dass seine Vorstellung in uns ist, rückwärts bewiesen.

*Beweis.* Die gegenständliche Realität aller unserer Vorstellungen verlangt eine Ursache, in der diese Idealität nicht blos gegenständlich, sondern formal oder überwiegend enthalten ist (nach Grundsatz 5). Nun haben wir die Vorstellung von Gott (nach Defin. 2 u. 8), und die Realität dieser Vorstellung ist weder formal noch überwiegend in uns (nach Grundsatz 6) und kann auch nirgend anders als in Gott selbst enthalten sein (nach Defin. 8), folglich erfordert diese in uns befindliche Vorstellung Gottes Gott zu ihrer Ursache, und deshalb besteht Gott (nach Grunds. 3).

**Dritter Lehrsatz.** Das Dasein Gottes wird daraus bewiesen, dass wir, die wir diese Vorstellung haben, bestehen.

*Beweis.* Wenn ich die Kraft hätte, mich selbst zu erhalten, so hätte ich um so mehr auch die Kraft, mir die fehlenden Vollkommenheiten zu geben (nach Grunds. 8 u. 9); denn jene sind nur Attribute der Substanz. Nun bin ich zwar eine Substanz, aber ich habe nicht die Kraft, mir diese Vollkommenheiten zu geben, denn sonst würde ich sie haben (nach Grunds. 7); deshalb habe ich nicht die Kraft, mich selbst zu erhalten.

Ferner: Ich kann nicht bestehen, ohne dass ich nicht erhalten werde, so lange ich bestehe, sei es nun von mir selbst, wenn ich nämlich die Kraft dazu habe, oder von einem Anderen, der sie hat (nach Grunds, 1 u. 2). Nun bestehe ich aber, ohne dass ich die Kraft mich zu erhalten habe, wie bereits bewiesen ist; folglich werde ich von einem Anderen erhalten.

Ferner: Der, welcher mich erhält, hat in sich formal oder überwiegend Alles, was in mir ist (nach Grunds. 4); in mir ist aber die Vorstellung vieler Vollkommenheiten, die mir abgehen, und zugleich die Vorstellung Gottes (nach Defin. 2 u. 8); folglich ist auch in Dem, der mich erhält, die Vorstellung derselben Vollkommenheiten.

Endlich: Dieser selbst kann keine Vorstellung der Vollkommenheiten haben, die ihm fehlen, oder die er formal oder überwiegend nicht besitzt (Grunds. 7); denn wenn er die Kraft mich zu erhalten hat, so würde er um so mehr die Kraft haben, sie sich zu geben, wenn sie ihm fehlten (nach Grunds. 8 u. 9). Er hat aber die Vorstellung aller Vollkommenheiten, die mir fehlen, und die nur in Gott sein können, wie eben bewiesen worden ist; deshalb hat er sie formal oder überwiegend in sich und ist somit Gott.

**Zusatz.** Gott hat den Himmel und die Erde geschaffen und Alles, was darin ist; er kann überdem Alles, was wir klar einsehen, so bewirken, wie wir es einsehen.

*Beweis.* Dieses Alles folgt offenbar aus dem vorgehenden Lehrsatz. Denn das Dasein Gottes ist darin damit bewiesen, dass Jemand bestehen muss, in dem formal oder überwiegend alle Vollkommenheiten sind, deren Vorstellung in uns ist. Nun ist in uns die Vorstellung einer solchen Macht, dass von deren Inhaber allein Himmel und Erde u.s.w. geschaffen sind, und alles Andere, was ich als möglich vorstelle, bewirkt werden kann. Deshalb ist mit dem Dasein Gottes auch dies Alles von ihm bewiesen.

**Vierter Lehrsatz.** Die Seele und der Körper sind wirklich unterschieden.

*Beweis.* Alles, was wir klar vorstellen, kann von Gott so, wie wir es vorstellen, bewirkt werden (nach dem vorgehenden Zusatz). Nun haben wir eine klare Vorstellung von der Seele, d.h. von einer denkenden Substanz ohne Körper, d.h. ohne eine ausgedehnte Substanz (nach Forderung 2), und ebenso von dem Körper ohne Seele (wie alle leicht einräumen); deshalb kann wenigstens durch Gottes Macht die Seele ohne Körper bestehen, und der Körper ohne Seele.

Nun sind aber Substanzen, die eine ohne die andere sein können, wirklich verschieden (nach Defin. 10). Die Seele und der

Körper sind Substanzen (nach Defin. 5, 6 u. 7), welche die eine ohne die andere sein können (wie oben bewiesen worden ist); deshalb sind die Seele und ihr Körper wirklich verschieden.

Man bemerke, dass ich hier die Macht Gottes als Mittel benutzt habe, aber nicht deshalb, weil es einer ausserordentlichen Kraft bedürfte, um die Seele von ihrem Körper zu trennen, sondern weil hier in dem Vorgehenden nur von Gott gehandelt worden ist, und ich daher nichts Anderes hatte, was ich benutzen konnte. Auch ist es, um zwei Gegenstände als verschieden zu erkennen, gleichgültig, von welcher Macht sie getrennt werden.

*Ende.*

# RENÉ DESCARTES

ABHANDLUNG ÜBER DIE METHODE,
RICHTIG ZU DENKEN
UND DIE WAHRHEIT IN DEN
WISSENSCHAFTEN ZU SUCHEN.

# Abhandlung über die Methode, richtig zu denken und die Wahrheit in den Wissenschaften zu suchen.

(Discours de la méthode pour bien conduire sa raison et chercher la vérité dans les sciences)

## Vorwort.

Da diese Abhandlung zu lang ist, um mit einem Male durchlesen zu werden, so kann man sie in sechs Abschnitte theilen. In dem *ersten* wird man dann mancherlei Betrachtungen in Bezug auf die Wissenschaften finden; in dem *zweiten* die Hauptregeln der von dem Verfasser gesuchten Methode; in dem *dritten* einige aus dieser Methode abgeleitete Regeln der Moral; in dem *vierten* die Gründe, aus denen er das Dasein Gottes und der menschlichen Seele beweist, welche die Grundlagen seiner Metaphysik bilden; in dem *fünften* eine Reihe von Erörterungen über naturwissenschaftliche Fragen, insbesondere die Erklärung von dem Herzschlag und einigen anderen schwierigen Gegenständen der Medizin; ferner den Unterschied zwischen den unsrigen und den Thier-Seelen, und in dem *letzten* Einiges, was nach des Verfassers Ansicht nöthig ist, um in der Erkenntniss der Natur weiter als bisher vorzuschreiten, sowie die Gründe, welche ihn zu schriftstellerischen Arbeiten bestimmt haben.

## Erster Abschnitt.

Der gesunde Verstand ist das, was in der Welt am besten vertheilt ist; denn Jedermann meint damit so gut versehen zu sein, dass selbst Personen, die in allen anderen Dingen schwer zu befriedigen sind, doch an Verstand nicht mehr, als sie haben, sich zu wünschen pflegen. Da sich schwerlich alle Welt hierin täuscht, so erhellt, dass das Vermögen, richtig zu urtheilen und die Wahrheit von der Unwahrheit zu unterscheiden, worin eigentlich das besteht, was man gesunden Verstand nennt, von Natur bei allen Menschen gleich ist, und dass mithin die Verschiedenheit der Meinungen nicht davon kommt, dass der Eine mehr Verstand als der Andere hat, sondern dass wir mit unseren Gedanken verschiedene Wege verfolgen und nicht dieselben Dinge betrachten. Denn es kommt nicht blos auf den gesunden Verstand, sondern wesentlich auch auf dessen gute Anwendung an. Die grössten Geister sind der grössten Laster so gut wie der grössten Tugenden fähig, und auch die, welche nur langsam gehen, können doch weit vorwärts kommen, wenn sie den geraden Weg einhalten und nicht, wie Andere, zwar laufen, aber sich davon entfernen.

Ich selbst habe nie meinen Geist im Allgemeinen für vollkommener als den Anderer gehalten, aber oft habe ich mir die schnelle Auffassung oder die scharfe und bestimmte Vorstellungskraft oder das gleich umfassende und schnelle Gedächtniss Anderer gewünscht. Nach meiner Einsicht dienen nur diese Eigenschaften zur Vervollkommnung des Geistes; denn wenn auch die Vernunft oder der Verstand allein uns zu Menschen macht und von den Thieren unterscheidet, so möchte ich doch glauben, dass dieser in Jedem ein Ganzes ist, und hierin den Philosophen beitreten, welche das Mehr oder Weniger nur bei den Accidenzen annehmen, aber nicht bei den Formen oder Naturen der Einzelnen einer Gattung.

Aber ich scheue mich nicht zu sagen, dass ich viel Glück gehabt und seit meiner Jugend mich auf Wegen befunden habe, welche mich zu Betrachtungen und Regeln geleitet, aus denen ich eine Methode gebildet habe, die mir geeignet scheint, allmählich meine Kenntnisse zu vermehren und sie nach und nach auf den höchsten Punkt zu erheben, welchen die Mittelmässigkeit meines Geistes und die kurze Dauer meines Lebens zu erreichen gestatten. Denn ich habe schon solche Früchte von ihr geerntet, obgleich ich nach dem, wie ich mich kenne, mehr zu Zweifeln als zu anmasslichen Behauptungen neige. Betrachte ich die verschiedenen Handlungen und Unternehmungen der Menschen mit dem Auge des Philosophen, so scheinen sie mir alle eitel und unnütz. Ich empfinde deshalb eine hohe Befriedigung über die Fortschritte, die ich bereits in der Erforschung der Wahrheit gemacht zu haben glaube, und hoffe so viel von der Zukunft, dass unter allen Beschäftigungen der Menschen, als solche, die von mir erwählte mir allein als wahrhaft gut und werthvoll erscheint.

Trotzdem kann ich mich irren, und es ist vielleicht nur Kupfer und Glas, was ich für Gold und Diamanten nehme. Ich weiss, wie leicht man sich in eigenen Angelegenheiten täuscht, und wie verdächtig selbst die günstigen Urtheile der Freunde uns sein müssen. Aber ich werde mit Vergnügen in dieser Abhandlung die von mir vorgeschlagenen Wege schildern und mein Leben wie in einem Gemälde aufrollen, damit Jeder selbst urtheilen könne. Wenn mir von diesen Urtheilen später etwas zu Ohren kommt, so soll es ein neues Mittel der Belehrung für mich werden, was ich zu den von mir geübten hinzufügen werde.

Meine Absicht ist also hier nicht, die Methode zu lehren, die Jeder zur richtigen Leitung seines Verstandes zu befolgen habe, sondern ich will nur zeigen, wie ich den meinigen zu leiten gestrebt habe. Wer Lehren geben will, muss sich für klüger halten als die, an welche er sich richtet, und bei dem geringsten Versehen trifft ihn der Tadel. Ich biete daher diese Schrift nur als eine Erzählung oder, wenn man lieber will, als eine Fabel dar, wo neben nachahmenswerthen Beispielen sich vielleicht auch manche finden, denen man mit Recht nicht folgen mag. So hoffe ich, dass sie Manchem nützen und Niemandem schaden werde, und dass Alle mir für meine Offenheit Dank wissen werden.

Ich bin seit meiner Kindheit in den Wissenschaften unterrichtet worden, und da man mich versicherte, dass dadurch eine klare und sichere Kenntniss von allem zum Leben Nützlichen gewonnen werde, so entstand in mir das dringende Verlangen, sie zu erlernen. Sobald ich jedoch die Studien vollendet hatte, nach deren Abschluss man unter die Klasse der Gelehrten aufgenommen zu werden pflegt, änderte sich meine Ansicht gänzlich. Denn ich sah mich von so viel Zweifeln und Irrthümern bedrängt, dass ich von meinen Studien nur den einen Vortheil hatte, meine Unwissenheit mehr und mehr einzusehen. Und dennoch befand ich mich in einer der berühmtesten Schulen Europa's, in welcher, wenn es irgendwo gelehrte Männer gab, dergleichen sein mussten. Ich hatte Alles gelernt, was die Andern daselbst lernten; ich hatte sogar mich nicht mit den Wissenschaften, die man uns lehrte, begnügt, sondern alle Bücher durchlesen, die von den seltensten und wissenswürdigsten Dingen handelten und mir in die Hände fielen. Daneben kannte ich die Urtheile Anderer über mich, und ich wusste, dass man mich nicht unter meine Mitschüler stellte, obgleich manche darunter die Stelle unserer Lehrer auszufüllen bestimmt waren. Auch hielt ich dieses Jahrhundert für so frisch und fruchtbar an guten Köpfen als irgend ein vorhergegangenes. So nahm ich mir die Freiheit, die Andern nach mir zu beurtheilen und an keine solche Lehre in der Welt zu glauben, wie man sie früher mich hatte hoffen lassen.

Ich verachtete jedoch deshalb die Arbeiten nicht, mit denen man in den Schulen sich beschäftigte. Ich erkannte, dass die hier gelehrten Sprachen zum Verständniss der alten Bücher nöthig sind; dass die Zierlichkeit der Fabeln den Geist weckt; dass die merkwürdigen Thaten in der Geschichte ihn erheben und, mit Einsicht gelesen, das Urtheil bilden helfen. Das Lesen der guten Bücher gleicht einer Unterhaltung mit ihren Verfassern, als den besten Männern vergangener Zeiten, und zwar einer auserlesenen Unterhaltung, in welcher sie uns nur ihre besten Gedanken offenbaren. Ebenso hat die Beredsamkeit ihre Macht und unvergleichliche Schönheit; die Dichtkunst hat ihre Feinheiten und entzückenden Genüsse; die Mathematiker zeigen ihre scharfsinnigen Erfindungen, welche ebensowohl den Wissbegierigen befriedigen, wie den Künsten zu Statten kommen und die menschliche Arbeit erleichtern. Ebenso enthalten die moralischen Schriften viele nützliche Belehrungen und Ermahnungen zur Tugend; die Gottesgelahrtheit lehrt den Himmel gewinnen; die Philosophie gewährt die Mittel, über Alles zuverlässig zu sprechen und von den weniger Gelehrten sich bewundern zu lassen; die Rechtswissenschaft, die Medizin und die anderen Wissenschaften bringen ihren Jüngern Ehre und Reichthum; endlich ist es gut, wenn man sie alle geprüft hat, um ihren wahren Werth zu erkennen und sich vor Betrug zu schützen.

Indess meinte ich schon zu viel Zeit auf die Sprachen und selbst auf die alten Bücher, ihre Geschichten und Fabeln verwendet zu haben; denn die Unterhaltung mit Personen aus früheren Jahrhunderten ist wie das Reisen. Es ist gut, wenn man mit den Sitten verschiedener Völker bekannt wird, um über die unsrigen ein gesundes Urtheil zu gewinnen und nicht zu glauben, dass Alles, was gegen unsere Gebräuche läuft, lächerlich oder unvernünftig sei, wie dies leicht von dem geschieht, der nichts gesehen hat. Verwendet man aber zu viel Zeit auf das Reisen, so wird man zuletzt in seinem eigenen Vaterlande fremd, und bekümmert man sich zu sehr um das, was in vergangenen Jahrhunderten geschehen, so bleibt man meist sehr unwissend in dem, was in dem gegenwärtigen vorgeht. Ausserdem lassen die Fabeln Vieles für möglich halten, was es nicht ist, und selbst die zuverlässigsten Geschichtschreiber verändern oder vergrössern die Bedeutung der Ereignisse, um sie lesenswerther zu machen, oder sie lassen wenigstens die geringen und weniger glänzenden Umstände bei Seite, so dass der Ueberrest nicht mehr so bleibt, wie er ist. So gerathen die, welche ihr Verhalten nach diesen Beispielen einrichten, leicht in die Tollheiten unserer Ritterromane und fassen Pläne, die ihre Kräfte übersteigen.

Ich schätzte die Beredsamkeit hoch und liebte die Dichtkunst; aber ich hielt beide mehr für Geschenke der Natur als für Früchte des Fleisses. Wer den besten Verstand hat und seine Gedanken am richtigsten ordnet und am klarsten und verständlichsten ausdrückt, wird seine Aussprüche am besten vertheidigen, wenn es auch in schlechtem Dialekt geschieht, und er nie die Beredsamkeit gelernt hat. Ebenso sind die, welche die ansprechendsten Einfälle haben und sie am zierlichsten und gefühlvollsten schildern können, die besten Dichter, auch wenn die Dichtkunst ihnen unbekannt geblieben ist.

Ich erfreute mich vorzüglich an der Mathematik wegen der Gewissheit und Sicherheit ihrer Beweise; allein ich erkannte ihren Nutzen noch nicht. Ich meinte, sie diene nur den mechanischen Künsten, und wunderte mich, dass man auf ihren festen und dauerhaften Grundlagen nichts Höheres aufgebaut hatte. Umgekehrt erschienen mir die moralischen Schriften der alten Heiden wie prächtige und grossartige, aber auf Sand und Schmutz erbaute Paläste. Sie erheben die Tugend hoch und lassen sie als das Werthvollste von allen Dingen der Welt erscheinen, aber sie lehren sie nicht genug erkennen, und oft ist es nur eine Unempfindlichkeit oder ein Stolz oder eine Verzweiflung oder ein Vatermord, was sie mit dem schönen Namen der Tugend belegen.

Ich verehrte unsere Gottesgelahrtheit und mochte gleich jedem Anderen den Himmel verdienen; als ich indess erkannte, dass der Weg dahin den Unwissenden ebenso offen steht wie den Gelehrten, und dass die geoffenbarten Wahrheiten, welche dahin führen, unsere Einsicht übersteigen, so wagte ich es nicht, sie meiner schwachen Vernunft zu unterbreiten; denn das Unternehmen ihrer Prüfung verlangt zu seinem Gelingen eines ausserordentlichen Beistandes des Himmels und einer mehr als menschlichen Kraft.

Von der Philosophie kann ich nur sagen, dass, obgleich sie seit vielen Jahrhunderten von den ausgezeichnetsten Geistern gepflegt worden, dessenungeachtet kein Satz darin unbestritten und folglich unzweifelhaft ist. Ich war nun nicht anmassend genug, um zu hoffen, dass es mir besser wie den Andern gelingen werde. Ich überlegte, wie vielerlei verschiedene Meinungen über einen Gegenstand von den Gelehrten vertheidigt werden, während doch die wahre nur *eine* sein kann, und deshalb galt mir selbst das Wahrscheinliche für falsch.

Was aber die übrigen Wissenschaften anlangt, die ihre Grundsätze von der Philosophie entlehnen, so meinte ich, dass man auf so unsicheren Unterlagen nichts Dauerhaftes errichten könne, und weder die Ehre, noch der Gewinn, den sie versprachen, konnten in mir den Wunsch, sie zu lernen, erwecken; denn, Gott sei Dank! nöthigten meine Verhältnisse mich nicht, aus der Wissenschaft ein Gewerbe für meinen Unterhalt zu machen. Ich verachtete zwar nicht den Ruhm, wie ein Cyniker, aber ich machte mir wenig aus einem solchen, den ich nur mit Unrecht verdiente. Endlich kannte ich bereits den Werth falscher Lehren hinlänglich, so dass die Versprechen der Alchymisten und die Weissagungen der Astrologen und die Betrügereien der Zauberer und die Kunststücke und Lobpreisungen derer mich nicht täuschen konnten, die ein Geschäft daraus machen, mehr zu wissen, als sie wissen.

Ich gab deshalb, sobald mein Alter mich der Aufsicht meiner Lehrer enthob, das Studium der Wissenschaften gänzlich auf. Ich verlangte nur noch nach der Wissenschaft, die ich in mir selbst oder in dem grossen Buche der Natur finden würde, und benutzte den Rest meiner Jugend zu Reisen. Ich sah die Höfe und die Kriegsheere, verkehrte mit Leuten jeden Standes und Temperamentes, sammelte mancherlei Erfahrungen, erprobte mich in den Widerwärtigkeiten des Schicksals und betrachtete alle vorkommenden Dinge so, dass ich einen Nutzen daraus ziehen konnte. Es schien mir, dass ich viel mehr Wahrheit in den Betrachtungen finden konnte, die Jeder über *die* Dinge anstellt, die ihn betreffen, und deren Ausgang ihm bald die Strafe für ein falsches Urtheil bringt, als in denen, welche der Gelehrte in seinem Zimmer über nutzlose Spekulationen anstellt, die ihn höchstens um so eitler machen, je mehr er sich dabei von dem gesunden Verstande entfernen muss; denn umsomehr muss er Geist und Kunst aufwenden, um sie annehmbar zu machen. Ich hatte von jeher das eifrige Verlangen, den Unterschied des Wahren und Falschen zu erkennen, um in meinen Handlungen klar zu sehen und im Leben mit Sicherheit vorzuschreiten.

Selbst bei der Betrachtung der Sitten Anderer fand ich nichts Zuverlässiges; ich sah hier beinahe dieselben Gegensätze wie früher in den Meinungen der Philosophen. Der wichtigste Vortheil, den ich davon zog, war die Einsicht, dass selbst die ausschweifendsten und lächerlichsten Dinge bei grossen Völkern allgemeine Annahme und Billigung finden können, und dass ich mich nicht zu sehr auf das verlassen dürfe, was mir selbst durch Beispiel und Gewohnheit beigebracht worden war.

So befreite ich mich nach und nach von vielen Irrthümern, die unser natürliches Licht verdunkeln und den Ausspruch der Vernunft uns weniger hören lassen; und nachdem ich so mehrere Jahre in dem Studium des Buches der Welt verbracht und einige Erfahrung zu sammeln versucht hatte, fasste ich eines Tages den Plan, auch mich selbst zu erforschen und alle meine Geisteskraft zur Auffindung des rechten Weges anzustrengen. Dies gelang mir auch, glaube ich, nunmehr viel besser, als wenn ich mich nie von meinem Vaterlande und von meinen Büchern entfernt gehabt hätte.

## Zweiter Abschnitt.

Ich war damals in Deutschland, wohin die Kriege, welche noch heute nicht beendet sind, mich gelockt hatten. Als ich von der Kaiserkrönung zum Heere zurückkehrte, hielt mich der einbrechende Winter in einem Quartiere fest, wo ich keine Gesellschaft fand, die mich interessirte und wo glücklicherweise weder Sorgen noch Leidenschaften mich beunruhigten. So blieb ich den ganzen Tag in einem warmen Zimmer eingeschlossen und hatte volle Musse, mich in meine Gedanken zu vertiefen.

Einer der ersten dieser Gedanken liess mich bemerken, dass die aus vielen Stücken zusammengesetzten und von der Hand verschiedener Meister gefertigten Werke oft nicht so vollkommen sind als die, welche nur *Einer* gefertigt hat. So sind die von *einem* Baumeister unternommenen und ausgeführten Bauten schöner und von besserer Anordnung als die, wo mehrere gebessert, und man alte Mauern, die zu anderem Zweck gedient, dabei benutzt hat. So sind jene alten Städte, die anfangs nur Burgflecken waren, aber im Laufe der Zeit gross geworden sind, im Vergleich zu den regelmässigen Plätzen, die ein Ingenieur nach seinem Gutdünken in einer Ebene anlegt, meist so schlecht eingetheilt, dass ohnerachtet der hohen Kunst des Einzelnen man doch bei dem Anblick ihrer schlechten Ordnung und der krummen und ungleichen Strassen sie eher für Werke des Zufalls als für die vernünftiger Wesen hält. Trotzdem gab es zu allen Zeiten Beamte, welche die einzelnen Bauten im Interesse der allgemeinen Zierde zu beaufsichtigen hatten. Man sieht also, wie schwer es ist, etwas Vollständiges zu erreichen, wenn man nur die Arbeiten Anderer benutzt. Deshalb befinden sich auch halb wilde und nur nach und nach civilisirte Völker, die ihre Gesetze nur nach Maassgabe der gerade vorkommenden Verbrechen und Streitigkeiten erliessen, nicht in so gutem Zustande als die, welche von Anfang ihrer Verbindung an die von einem weisen Gesetzgeber ausgegangene Verfassung angenommen haben. Ebenso ist es unzweifelhaft, dass eine Religion, deren Anordnungen von Gott allein ausgegangen sind, unvergleichlich besser als alle anderen geordnet sein muss. Was aber die menschlichen Dinge anlangt, so glaube ich, dass der ehemalige blühende Zustand Sparta's nicht durch seine einzelnen guten Gesetze herbeigeführt worden ist, deren manche sonderbar und selbst den guten Sitten zuwider waren, sondern dadurch, dass sie sämmtlich von *einem* Manne erdacht waren und dasselbe Ziel verfolgten. Das Gleiche nahm ich von den in den Büchern niedergelegten Wissenschaften an, wenigstens so weit ihre Gründe nur Wahrscheinlichkeit haben, und sie ohne Beweise allmählich aus den Meinungen einer Menge verschiedener Männer gebildet und angewachsen sind. Sie kommen der Wahrheit nicht so nahe als die einfachen Betrachtungen, welche ein Mensch von gesundem Verstande über die ihm vorkommenden Dinge in natürlicher Weise anstellt. Auch sind wir Erwachsenen ja alle früher Kinder gewesen und sind lange von unseren Begierden und von unseren Lehrern geleitet worden, die einander oft widersprachen, und die vielleicht beide uns nicht immer das Beste riethen. Unsere Urtheile können deshalb nicht so rein und zuverlässig sein, als wenn wir von unserer Geburt ab den vollen Gebrauch unserer Vernunft gehabt hätten und immer von ihr allein geleitet worden wären.

Allerdings reisst man nicht alle Häuser einer Stadt nieder, nur um sie in anderer Gestalt wieder aufzuführen und die Strassen zu verschönern, aber Mancher lässt das seinige abtragen und neu bauen, ja er ist mitunter dazu gezwungen, wenn Gefahr droht, dass es von selbst einfallen werde, und die Fundamente nicht zuverlässig sind. Nach diesem Beispiel meinte ich, dass ein Einzelner schwerlich die Reform eines Staats damit beginnen werde, alle Grundlagen zu ändern und behufs des Neubaues umzustürzen; ebensowenig wird in dieser Weise die Gesammtheit der Wissenschaften oder die in den Schulen eingeführte Weise des Unterrichts verbessert werden können. Aber in Betreff der von mir bisher angenommenen Meinungen schien es mir das Beste, sie mit einem Male ganz zu beseitigen, um nachher bessere oder auch vielleicht dieselben, aber nach dem Maasse der Vernunft zugerichtet, an deren Stelle zu setzen. Ich war überzeugt, dass ich damit zu einem besseren Lebenswandel gelangen würde, als wenn ich auf den alten Grundlagen fortbaute und mich nur auf die Grundsätze stützte, die ich in meiner Jugend, ohne ihre Wahrheit zu prüfen, angenommen hatte. Wenn ich auch einige Schwierigkeiten hier antraf, so gab es doch Hülfsmittel dafür, und sie waren nicht mit denen zu vergleichen, die sich bei der geringsten öffentlichen Angelegenheit hervorthun. Diese grossen Körper sind, einmal umgestürzt, schwer wieder aufzurichten und schwer zu erhalten, wenn sie schwanken; ihr Fall muss Viele hart treffen. Ihre Mängel, wenn sie deren haben, und dass dies bei den meisten der Fall, zeigt schon die blosse Verschiedenheit unter ihnen, sind durch die Gewohnheit gemildert. Vieles davon wird allmählich beseitigt oder verbessert, was durch blosse Berechnung nicht so gut erreicht werden könnte, und das Bestehende ist endlich beinahe immer erträglicher als der Wechsel. Es ist wie mit den Heerstrassen über die Gebirge; allmählich werden sie glatt und bequem durch den Gebrauch, und man thut besser, ihnen zu folgen, als geradeaus zu gehen, über Felsen zu klettern und in Abgründe hinabzusteigen.

Ich kann deshalb jene aufsprudelnden und unruhigen Launen nicht billigen, wo man, ohne dass Geburt oder Stellung zur Beschäftigung mit den öffentlichen Angelegenheiten auffordert, doch nicht ermüdet, irgend eine neue Verbesserung auszudenken; und wenn diese Abhandlung nur im Geringsten mich dieser Thorheit verdächtig machen könnte, sollte es mir leid thun, ihre Veröffentlichung gestattet zu haben. Ich habe mich immer darauf beschränkt, meine eigenen Gedanken zu berichtigen und auf einen Grund zu bauen, der ganz mir gehört. Wenn ich hier von meinem Werke, weil es mir gefällt, ein Muster biete, so will ich doch deshalb Niemand zur Nachahmung veranlassen. Die, welche Gott mehr begnadigt hat, mögen vielleicht höhere Pläne haben; aber ich fürchte, dass schon dieser hier für Manchen zu kühn sein wird. Der blosse Entschluss, sich von Allem loszusagen, was man bisher für wahr gehalten hat, ist ein Schritt, den nicht Jeder thun mag. Die Welt ist mit zwei Arten von Geistern erfüllt, denen beiden dies nicht gefallen wird. Die Einen halten sich für klüger, als sie sind, überstürzen sich in ihren Urtheilen und können ihre Gedanken nicht in Ruhe leiten. Nähmen diese sich einmal die Freiheit, an ihren angenommenen Grundsätzen zu zweifeln und von dem betretenen Wege abzuweichen, so würden sie nie den Fussweg einhalten können, der sie geradeaus führt, und sie würden ihr ganzes Leben aus den Irrwegen nicht herauskommen. Die Zweiten sind vernünftig und bescheiden genug, um einzusehen, dass sie das Wahre und Falsche weniger als Andere unterscheiden; sie lassen sich von Diesen unterrichten und werden deshalb lieber den Meinungen Dieser folgen, als selbst etwas Besseres aufsuchen.

Ich würde unzweifelhaft zu den Letzteren gehört haben, wenn ich nur *einen* Lehrer gehabt hätte, oder wenn ich nicht die Verschiedenheit der Ansichten bemerkt hätte, die von jeher unter den Gelehrten geherrscht hat. Ich hatte bereits in dem Kolleg gelernt, dass man nichts so Fremdes und Unglaubliches sich ausdenken kann, was nicht ein Philosoph behauptet hätte. Ich bemerkte ferner auf meinen Reisen, dass selbst die, welche in ihren Ansichten von den meinigen ganz abwichen, deshalb noch keine Barbaren oder Wilde waren, sondern oft ihren Verstand ebensogut oder besser als ich gebrauchen konnten.

Ich überlegte ferner, dass derselbe Mensch mit demselben Geist, je nachdem er unter den Franzosen oder Deutschen aufwächst, anders werden wird, als wenn er immer unter den Chinesen oder Kannibalen lebt, und wie bis auf die Kleidermoden hinab dieselbe Sache, die uns vor zehn Jahren gefallen hat und vielleicht vor den nächsten zehn Jahren wieder gefallen wird, uns jetzt verkehrt und lächerlich erscheint. So bestimmt uns mehr die Gewohnheit und das Beispiel als die sichere Kenntniss; und obgleich die Mehrheit der Stimmen für schwer zu entdeckende Wahrheiten nicht viel werth ist, und es oft wahrscheinlicher ist, dass ein Einzelner sie eher als ein ganzes Volk entdecken werde, so fand ich doch Niemand, dessen Meinungen mir einen Vorzug vor denen Anderer zu verdienen schienen, und ich war gewissermassen zu dem Versuch genöthigt, mich selbst weiter zu bringen.

Allein gleich einem Menschen, der in der Dunkelheit und allein geht, entschloss ich mich, es so langsam und mit so viel Vorsicht zu thun, dass ich, sollte ich auch nur langsam vorwärts kommen, doch vor jedem Falle geschützt bliebe. Ich beschloss sogar, nicht mit dem gänzlichen Verwerfen Alles dessen zu beginnen, was sich ohne Anleitung der Vernunft in meinem Glauben eingeschlichen hatte, sondern zuvor den Plan des zu unternehmenden Werkes sattsam zu überlegen und die wahre Methode aufzusuchen, die mich zur Kenntniss Alles dessen führen könnte, dessen mein Geist fähig ist.

Ich hatte in meiner Jugend von den Zweigen der Philosophie die Logik und von der Mathematik die geometrische Analysis und die Algebra ein Wenig studirt, da diese drei Künste oder Wissenschaften mir für meinen Plan förderlich zu sein schienen. Bei ihrer Prüfung wurde ich indess gewahr, dass die Schlüsse der Logik und die Mehrzahl ihrer übrigen Regeln mehr dazu dienen, einem Anderen das, was man weiss, zu erklären oder, wie bei der Lullischen Kunst, von dem, was man nicht weiss und versteht, zu sprechen, als selbst zu lernen. Die Logik enthält allerdings viele gute und wahre Vorschriften, aber es sind auch viele schädliche und überflüssige eingemengt, welche sich so schwer von jenen trennen lassen, wie eine Diana oder Minerva aus einem rohen Marmorblock zu trennen ist. Bei der Analysis der Alten und der Algebra der Neuen fand ich, dass sie sich nur auf sehr abstrakte und nutzlose Gegenstände erstreckt. Die erste ist immer so an die Betrachtung der Figuren geknüpft, dass sie den Verstand nicht üben kann, ohne die Einbildungskraft zu ermüden; in der letzteren aber hat man sich gewissen Regeln und Zeichen unterworfen, aus denen eine verworrene und dunkle Kunst, welche den Geist beschwert, statt eine Wissenschaft, die ihn bildet, hervorgegangen ist. Dies liess mich nach einer anderen Methode suchen, welche die Vortheile dieser drei Wissenschaften böte, ohne ihre Fehler zu haben. So wie nun die Menge der Gesetze oft dem Laster zur Entschuldigung dient, und ein Staat besser regiert ist, wenn er nur wenige, aber streng befolgte Gesetze hat; so glaube auch ich in der Logik, statt jener grossen Zahl von Regeln, die sie enthält, an den vier folgenden genug zu haben, sofern ich nur fest entschlossen blieb, sie beharrlich einzuhalten und auch nicht einmal zu verlassen.

Die *erste* Regel war, niemals eine Sache für wahr anzunehmen, ohne sie als solche genau zu kennen; d.h. sorgfältig alle Uebereilung und Vorurtheile zu vermeiden und nichts in mein Wissen aufzunehmen, als was sich so klar und deutlich darbot, dass ich keinen Anlass hatte, es in Zweifel zu ziehen.

Die *zweite* war, jede zu untersuchende Frage in so viel einfachere, als möglich und zur besseren Beantwortung erforderlich war, aufzulösen.

Die *dritte* war, in meinem Gedankengang *die* Ordnung festzuhalten, dass ich mit den einfachsten und leichtesten Gegenständen begann und nur nach und nach zur Untersuchung der verwickelten aufstieg, und eine gleiche Ordnung auch in den Dingen selbst anzunehmen, selbst wenn auch das Eine nicht von Natur dem Anderen vorausgeht.

Endlich *viertens*, Alles vollständig zu überzählen und im Allgemeinen zu überschauen, um mich gegen jedes Uebersehen zu sichern.

Die lange Kette einfacher und leichter Sätze, deren die Geometer sich bedienen, um ihre schwierigsten Beweise zu Stande zu bringen, liess mich erwarten, dass alle dem Menschen erreichbaren Dinge sich ebenso folgen. Wenn man also sich nur vorsieht und nichts für wahr nimmt, was es nicht ist, und wenn man die zur Ableitung des Einen aus dem Anderen nöthige Ordnung beobachtet, so kann man selbst den entferntesten Gegenstand endlich erreichen und den verborgensten entdecken. Auch war ich über das, womit ich den Anfang zu machen hätte, nicht in Verlegenheit. Ich wusste, dass dies das Einfachste und Leichteste sein müsste. Ich überlegte, dass von Allen, welche früher die Wahrheit in den Wissenschaften gesucht hatten, allein die Mathematiker einige Beweise, d. h. einige sichere und überzeugende Gründe haben auffinden können, und so zweifelte ich nicht, dass sie mit diesen auch die Prüfung begonnen haben; und wenn ich auch keinen Nutzen sonst davon erwarten konnte, so glaubte ich doch, sie würden meinen Geist gewöhnen, sich von der Wahrheit zu nähren und nicht mit falschen Gründen sich zu begnügen.

Aber ich war deshalb nicht willens, alle besonderen mathematischen Wissenschaften zu erlernen; denn ich sah, dass sie trotz der Verschiedenheit ihrer Gegenstände darin übereinkamen, die zwischen denselben stattfindenden Beziehungen oder Verhältnisse zu betrachten. Ich hielt es deshalb für besser, nur diese Verhältnisse überhaupt zu untersuchen und sie nur in Gegenständen zu suchen, welche die Kenntniss jener mir erleichtern würden, aber ohne sie darauf zu beschränken, damit ich desto besser sie nachher auf alles Andere darunter Fallende anwenden konnte. Auch hatte ich bemerkt, dass ihre Erkenntniss mitunter erfordern würde, dass ich sie im Einzelnen betrachtete oder auch nur im Gedächtniss behielt oder mehrere zusammenfasste. Ich meinte deshalb für ihre Betrachtung im Einzelnen sie am besten in Linien zu suchen, da ich nichts Einfacheres und bestimmter Wahrnehmbares kannte; um sie aber festzuhalten oder mit anderen zusammenzufassen, musste ich suchen, sie durch einige möglichst einfache Ziffern auszudrücken. Damit glaubte ich das Beste von der geometrischen Analysis und von der Algebra entlehnt zu haben und alle Mängel der einen mit der anderen zu verbessern.

Ich kann sagen, dass die Beobachtung dieser wenigen aufgestellten Regeln mich zur leichten Lösung aller von diesen beiden Wissenschaften behandelten Fragen führte. Indem ich mit dem Einfachsten und Allgemeinsten anfing, und jede gefundene Wahrheit mir zu einer Regel wurde, um neue daraus zu gewinnen, kam ich in zwei bis drei Monaten mit verschiedenen Aufgaben zum Ziel, die ich bisher für sehr schwierig gehalten hatte, und ich meinte zuletzt selbst bei den noch ungelösten Fragen die Mittel und die Grenze ihrer Auflösung bestimmen zu können. Der Leser wird mich deshalb nicht für eitel halten; er möge bedenken, dass es in jeder Sache nur *eine* Wahrheit giebt, und Jeder, der sie findet, Alles weiss, was davon zu wissen möglich ist. So kann z. B. ein in der Arithmetik unterrichtetes Kind, wenn es eine Addition nach seinen Regeln macht, sicher sein, in Betreff der gesuchten Summe Alles gefunden zu haben, was der menschliche Geist zu finden vermag. Denn zuletzt enthält die Methode, welche die richtige Ordnung zu befolgen und alle Umstände der Aufgabe genau zu beachten lehrt, Alles, was den arithmetischen Regeln ihre Gewissheit giebt.

Am meisten gefiel mir aber an dieser Methode, dass ich bei ihr in Allem meinen Verstand, wo nicht vollkommen, doch so gut benutzte, als es in meinen Kräften stand. Ich bemerkte ausserdem, dass mein Geist durch ihre Anwendung sich allmählich gewöhnte, seinen Gegenstand reiner und bestimmter zu erfassen, und obgleich ich diese Methode noch nicht im Besonderen versucht hatte, so versprach ich mir doch von ihr bei den Schwierigkeiten anderer Wissenschaften denselben Nutzen, den sie mir in der Algebra gewährt hatte. Nicht, dass ich gewagt hätte, damit gleich Alles, was sich darbot, zu prüfen; denn dies würde selbst der von ihr verlangten Ordnung zuwider gewesen sein; aber da ich bemerkt hatte, dass alle Grundsätze dieser Methode aus der Philosophie entlehnt werden müssten, und ich doch hier keine sichere vorfand, so meinte ich, vor Allem dergleichen darin aufstellen zu müssen. Da dies jedoch die wichtigste Sache von der Welt ist, und Uebereilung und Vorurtheile hier am gefährlichsten werden, so konnte ich ein solches Unternehmen nur erst in einem reiferen Alter zu vollführen hoffen; denn ich war damals erst 23 Jahre alt und hatte meine Zeit bis dahin blos mit Vorbereitungen hingebracht, indem ich aus meiner Seele theils alle falschen, früher empfangenen Ansichten entfernte, theils eine Menge Erfahrungen sammelte, die mir später als Stoff für meine Untersuchungen dienen sollten, theils mich in der vorgesetzten Methode übte, um mehr und mehr mich in ihr zu befestigen.

Dritter Abschnitt.

Da es indess zu dem Wiederaufbau eines Wohnhauses nicht blos genügt, es niederzureissen, die Materialien und den Baumeister zu beschaffen oder sich selbst der Baukunst zu befleissigen und den Plan sorgfältig entworfen zu haben, sondern auch eine andere Wohnung besorgt sein will, in der man während des Baues sich gemächlich aufhalten kann, so bildete ich mir, um während der Zeit, wo die Vernunft mich nöthigte, in meinem Urtheilen unentschlossen zu bleiben, es nicht auch in meinen Handlungen zu sein, und um währenddem so glücklich als möglich zu leben, als Vorrath eine Moral aus drei oder vier Grundsätzen, die ich hier mittheilen will.

Der *erste* war, den Gesetzen und Gewohnheiten meines Vaterlandes zu folgen und fest in der Religion zu bleiben, in welche Gottes Gnade mich seit meiner Kindheit hatte unterrichten lassen, auch im Uebrigen den gemässigten und von dem Aeussersten am meisten entfernten Ansichten zu folgen, wie sie von den Verständigsten meiner Bekannten geübt wurden. Indem ich meine eigenen Ansichten von nun ab für Nichts rechnete, da ich sie sämmtlich in Prüfung nehmen wollte, so glaubte ich am sichersten zu gehen, wenn ich denen der Verständigsten folgte. Vielleicht giebt es unter den Chinesen und Persern ebenso verständige Leute wie unter uns; allein es schien mir am besten, mich nach den Menschen zu richten, mit welchen ich zu leben hatte. Um ihre wahren Meinungen kennen zu lernen, glaubte ich mehr auf ihre Handlungen als auf ihre Reden Acht haben zu müssen. Denn in Bezug auf die Verderbniss der Sitten sagen die Menschen nicht gerne Alles, was sie glauben, und Viele wissen dies nicht einmal; denn die Geistesthätigkeit, womit man eine Sache glaubt, ist verschieden von der, womit man weiss, dass man sie glaubt, und Eins ist oft da ohne das Andere. Unter mehreren gleich anerkannten Meinungen wählte ich die gemässigsten, theils weil sie immer die am leichtest ausführbaren und die vermuthlich besten sind, und jedes Uebermaass gewöhnlich schlecht ist, theils um mich möglichst wenig von dem richtigen Weg zu entfernen, im Fall ich irren sollte, während bei der falschen Wahl eines Aeussersten das Richtige auf der anderen Seite gelegen haben würde. Zu diesem Aeussersten rechnete ich insbesondere alle Versprechen, wodurch man seine Freiheit beschränkt. Ich wollte damit nicht die Gesetze tadeln, die, um der Schwachheit schwankender Gemüther entgegenzutreten, es gestatten, für einen guten Zweck und selbst der Sicherheit des Verkehrs wegen für einen gleichgültigen Zweck Gelübde und Verträge mit rechtsverbindlicher Kraft zu machen; aber ich sah in der Welt nichts Beharrliches. Da ich nun meine Einsichten verbessern und nicht verschlimmern wollte, so würde ich mich an dem Menschenverstand versündigt haben, wenn ich jetzt eine Sache gebilligt und so mich verpflichtet hätte, sie auch dann noch für gut zu nehmen, wenn sie es entweder nicht mehr gewesen, oder ich davon nicht mehr überzeugt gewesen wäre.

Meine *zweite* Regel war, in meinen Handlungen so fest und entschlossen als möglich zu sein und selbst die zweifelhafteste Meinung, nachdem ich mich einmal ihr zugewendet, ebenso festzuhalten, als wenn sie die sicherste von allen gewesen wäre. Ich folgte darin den Reisenden, die sich im Walde verirrt haben und am besten thun, nicht bald hier, bald dorthin sich zu wenden oder stehen zu bleiben, sondern so geradeaus als möglich in *einer* Richtung zu gehen und davon nicht aus Leichtsinn abzuweichen, sollte diese Richtung auch anfänglich nur aus Zufall gewählt worden sein; denn auf diese Weise werden sie, wenn auch nicht an ihr Ziel, doch endlich wenigstens irgend wohin gelangen, wo sie sich besser als mitten im Walde befinden werden. Auch gestatten die Verhältnisse oft keinen Aufschub im Handeln, und es ist deshalb ein richtiger Spruch, dass, wo man das Rechte nicht mit voller Gewissheit erkennt, man dem Wahrscheinlichsten zu folgen habe. Selbst wo diese Wahrscheinlichkeit für Mehreres sich gleich ist, hat man sich doch zu *Einem* zu entschliessen und es dann für die Frage der Ausführung nicht mehr als zweifelhaft, sondern als wahr und gewiss zu nehmen, weil die Regel, nach der wir so handeln, wahr ist. Dadurch habe ich mich gegen alle Reue und Gewissensbisse geschützt, die meist das Gewissen schwacher und schwankender Gemüther beunruhigen, wenn sie eine Sache beginnen, weil sie sie erst für gut ansehen, nachher aber für schlecht halten.

Meine *dritte* Regel war, mehr mich selbst als das Schicksal zu besiegen und eher meine Wünsche als die Weltordnung zu ändern, überhaupt mich daran zu gewöhnen, dass nichts als unsere Gedanken ganz in unserer Gewalt ist, und dass, wenn man Alles, was möglich ist, in den äusserlichen Dingen gethan hat, das an dem Erfolge Fehlende zu dem für uns Unmöglichen gehört. Dies allein genügte, um mich in Zukunft vor Wünschen nach dem Unerreichbaren zu schützen und mich zufrieden zu machen. Denn unser Wille verlangt nur nach Dingen, die ihm der Verstand als in einer Art erreichbar darstellt; betrachtet man daher alle äusserlichen Dinge als gleich weit von unserer Macht entfernt, so werden wir uns nicht mehr über den Mangel derer betrüben, die scheinbar uns von Geburts wegen gebühren, sobald nur der Mangel derselben unverschuldet ist, als dass wir nicht Kaiser von China oder Mexiko sind. Wenn man, wie es heisst, aus der Noth eine Tugend macht, so verlangt man nach der Gesundheit, wenn man krank ist, oder nach der Freiheit im Gefängniss so wenig, als jetzt nach einem Körper von einem so unvergänglichen Stoff wie dem Diamant, oder nach Flügeln, um wie die Vögel zu fliegen.

Aber ich gestehe, dass es langer Uebung und wiederholten

Nachdenkens bedarf, um sich an die Betrachtung der Dinge aus diesem Gesichtspunkt zu gewöhnen. Wahrscheinlich besteht hierin vorzüglich das Geheimniss jener Philosophen, die in alten Zeiten sich der Macht des Schicksals entziehen und trotz der Schmerzen und Armuth mit ihren Göttern sich über das Glück unterhalten konnten. Indem sie immer die von der Natur ihnen gesetzten Grenzen beachteten, waren sie fest überzeugt, dass nichts als ihre Gedanken in ihrer Macht stehe, und dies genügte, um sie vor jedem Verlangen nach anderen Dingen zu bewahren und ihre Neigungen so zu beherrschen, dass sie mit Grund sich für reicher, mächtiger und freier halten konnten als Andere, die ohne diese Philosophie trotz aller nur möglichen Gunst der Natur und des Glückes nicht diese Gewalt über ihren Willen hatten.

Zur Vollendung dieser Moral beschloss ich, die verschiedenen Beschäftigungen der Menschen in diesem Leben zu überschauen, um die beste auszuwählen. Ohne hier die anderen herabzusetzen, glaubte ich doch zuletzt am besten zu thun, wenn ich die meinige fortsetzte, d. h. wenn ich mein ganzes Leben zur Ausbildung meiner Vernunft und zum Fortschritt in der Kenntniss der Wahrheit nach der mir vorgesetzten Methode verwendete. Ich empfand, seitdem ich dieser Methode mich zu bedienen angefangen hatte, eine so grosse Heiterkeit, dass es nach meiner Meinung nichts Angenehmeres und Unschuldigeres in diesem Leben geben konnte; jeden Tag entdeckte ich durch ihre Hülfe wichtige und den übrigen Menschen meist unbekannte Wahrheiten, und die Freude darüber erfüllte meine Seele so, dass alles Andere mich nicht berührte.

Ausserdem lag den drei vorgehenden Regeln nur die Absicht, meine Kenntnisse zu erweitern, zu Grunde. Denn da Gott Jedem von uns eine Kraft zur Unterscheidung des Wahren von dem Falschen gegeben hat, so würde ich mich nicht einen Augenblick auf die Meinungen Anderer verlassen haben, wenn ich mir nicht vorgenommen gehabt hätte, sie selbst zu passender Zeit zu untersuchen, und ich würde mich der Gewissenszweifel in ihrer Befolgung nicht haben entschlagen können, wenn ich nicht jede Gelegenheit wahrgenommen hätte, um bessere ausfindig zu machen. Endlich hätte ich meine Wünsche nicht beschränken und zufrieden bleiben können, wenn ich nicht einen Weg gegangen wäre, der mich der Erwerbung aller nur möglichen Kenntnisse versicherte und damit auch aller wahren Güter, die in meiner Macht standen. Denn wenn unser Wille nur das begehrt und vollzieht, was der Verstand ihm als gut lehrt, so genügt das rechte Urtheil zu dem rechten Handeln und so gut als möglich zu urtheilen, um sein Bestes zu thun, d. h. um alle Tugenden zusammen mit den anderen erreichbaren Gütern zu erlangen. Ist man davon überzeugt, so wird die Zufriedenheit nicht fehlen.

Nachdem ich so diese Regeln für gut befunden und zu jenen Wahrheiten des Glaubens gestellt hatte, die mir als die wichtigsten gegolten haben, glaubte ich mich unbedenklich aller übrigen Ueberzeugungen entschlagen zu können. Auch hoffte ich im Verkehr mit den Menschen besser mein Ziel zu erreichen, als wenn ich in der Stube, wo ich dies bedacht hatte, noch länger mich einschlösse. Ich begab mich deshalb noch vor Ende des Winters wieder auf die Reise und wanderte die folgenden neun Jahre in der Welt umher, wobei ich indess nur Zuschauer, aber nicht Mitspieler in den hier aufgeführten Komödien zu bleiben suchte. Ich untersuchte bei jeder Sache ihre verdächtige Seite und den Anlass zu Missverständnissen, und entwurzelte so in meinem Geiste alle Irrthümer, die sich früher in ihn eingeschlichen hatten. Ich wollte damit nicht etwa den Skeptikern nachahmen, welche nur zweifeln, um zu zweifeln, und eine stete Unentschlossenheit vorspiegeln; vielmehr ging mein Streben nur auf die Gewissheit, und ich verwarf den Triebsand und den unsicheren Boden nur, um den Felsen oder Schiefer zu erreichen. Dies gelang mir, glaube ich, um so besser, als ich die Unwahrheit oder Ungewissheit der zu prüfenden Sätze nicht nach schwachen Vermuthungen, sondern nach klaren und festen Gründen prüfte und so zuletzt selbst aus dem Zweifelhaftesten einen sicheren Schluss zu ziehen vermochte, sollte es auch nur der sein, dass es keine Gewissheit enthielte. So wie man bei dem Abbruch eines alten Hauses die Materialien sammelt, um sie bei dem Aufbau des neuen zu benutzen, so machte ich auch bei der Niederreissung aller meiner schlecht begründeten Ueberzeugungen mancherlei Beobachtungen und Erfahrungen, die mir später zur Aufrichtung sicherer Ansichten gedient haben. Um so mehr fuhr ich in der Uebung der mir vorgesetzten Methode fort. Ich sorgte dafür, meine Gedanken überhaupt nur nach Regeln zu leiten; aber daneben benutzte ich von Zeit zu Zeit einige freie Stunden, um die Methode in schwierigen mathematischen Fragen zu üben, so wie in solchen, die ich den mathematischen dadurch ähnlich machte, dass ich sie von allen nicht gleich gewissen Zusätzen der übrigen Wissenschaften loslöste. Man wird dies an mehreren in diesem Buche dargelegten Sätzen bemerken können. So lebte ich scheinbar wie die Uebrigen, die ohne anderes Ziel, als ein angenehmes und friedliches Leben zu führen, sich bestreben, die Vergnügen von den Lastern zu trennen, und die, um ihre Musse ohne Langeweile zu geniessen, sich allen anständigen Zerstreuungen hingeben. Aber dabei liess ich in Verfolgung meines Zieles nicht ab und machte in der Kenntniss der Wahrheit vielleicht grössere Fortschritte, als wenn ich nur Bücher gelesen oder mit Gelehrten verkehrt hätte.

Jedenfalls verflossen diese neun Jahre, ohne dass ich schon Partei in den schwierigen Fragen ergriffen gehabt hätte, welche unter den Gelehrten verhandelt zu werden pflegen, und ohne dass ich nach den Grundlagen einer zuverlässigeren Philosophie als der gewöhnlichen gesucht hätte. Das Beispiel ausgezeichneter Männer, die bei gleicher Absicht mir dieses Ziel doch nicht erreicht zu haben schienen, liess mir das Unternehmen so schwer erscheinen, dass ich es vielleicht so bald nicht begonnen hätte, wenn nicht schon das Gerücht verbreitet worden wäre, dass ich das Ziel erreicht habe. Ich weiss nicht, worauf diese Meinung sich stützte; wenn ich durch meine Reden etwas dazu beigetragen, so kann es nur darin bestanden haben, dass ich offener meine Unwissenheit bekannte als Andere, die studirt haben, und dass ich die Gründe für meinen Zweifel an Dingen blicken liess, die Andere für gewiss halten; aber nie habe ich mich einer Wissenschaft gerühmt. Meine Gutmüthigkeit wollte es indess nicht, dass man mich für mehr hielt, als ich war; deshalb fand ich es nöthig, mich meines Rufes würdig zu zeigen, und so sind es gerade acht Jahre, dass ich in dieser Absicht mich von allen Bekannten weg in ein Land zurückzog, wo lange Kriege es dahin gebracht haben, dass die Heere, welche man unterhält, nur den Zweck haben, die Früchte des Friedens mit grösserer Sicherheit geniessen zu lassen, und wo das Volk in seiner Thätigkeit mehr um seine eigenen Angelegenheiten sich sorgt, als um fremde sich bekümmert. So kann ich hier, ohne die Bequemlichkeiten der grossen Stadt zu entbehren, doch so einsam und zurückgezogen leben wie in der abgelegensten Wüste.

## Vierter Abschnitt.

Ich weiss nicht, ob ich den Leser mit den Untersuchungen unterhalten soll, die ich da zuerst angestellt habe. Sie sind so metaphysisch und ungewöhnlich, dass sie nicht dem Geschmack von Jedermann zusagen werden. Dennoch finde ich mich gewissermassen genöthigt, davon zu sprechen, damit man die Festigkeit der von mir genommenen Grundlagen beurtheilen könne. In Bezug auf Sitten hatte ich längst bemerkt, wie man mitunter zweifelhaften Ansichten so folgen muss, als wären sie unzweifelhaft; allein da ich mich damals nur der Erforschung der Wahrheit gewidmet hatte, so schien mir hier das entgegengesetzte Verhalten geboten, nämlich Alles als entschieden falsch zu verwerfen, wobei ich den leisesten Zweifel fand, um zu sehen, ob nicht zuletzt in meinem Fürwahrhalten etwas ganz Unzweifelhaftes übrig bleiben werde. Deshalb nahm ich, weil die Sinne uns manchmal täuschen, an, dass es nichts gebe, was so beschaffen wäre, wie sie es uns bieten, und da in den Beweisen, selbst bei den einfachsten Sätzen der Geometrie, oft Fehlgriffe begangen und falsche Schlüsse gezogen werden, so hielt ich mich auch hierin nicht für untrüglich und verwarf alle Gründe, die ich früher für zureichend angesehen hatte. Endlich bemerkte ich, dass dieselben Gedanken wie im Wachen auch im

Traum uns kommen können, ohne dass es einen Grund für ihre Wahrheit im ersten Falle giebt; deshalb bildete ich mir absichtlich ein, dass Alles, was meinem Geiste je begegnet, nicht mehr wahr sei als die Täuschungen der Träume. Aber hierbei bemerkte ich bald, dass, während ich Alles für falsch behaupten wollte, doch nothwendig ich selbst, der dies dachte, etwas sein müsse, und ich fand, dass die Wahrheit: »*Ich denke, also bin ich*«, so fest und so gesichert sei, dass die übertriebensten Annahmen der Skeptiker sie nicht erschüttern können. So glaubte ich diesen Satz ohne Bedenken für den ersten Grundsatz der von mir gesuchten Philosophie annehmen zu können.

Ich forschte nun, *Wer* ich sei. Ich fand, dass ich mir einbilden konnte, keinen Körper zu haben, und dass es keine Welt und keinen Ort gäbe, wo ich wäre; aber nicht, dass ich selbst nicht bestände; vielmehr ergab sich selbst aus meinen Zweifeln an den anderen Dingen offenbar, dass ich selbst sein müsste; während, wenn ich aufgehört hätte zu denken, alles Andere, was ich sonst für wahr gehalten hatte, mir keinen Grund für die Annahme meines Daseins abgab. Hieraus erkannte ich, dass ich eine Substanz war, deren ganze Natur oder Wesen nur im Denken besteht, und die zu ihrem Bestand weder eines Ortes noch einer körperlichen Sache bedarf; in der Weise, dass dieses *Ich,* d. h. die Seele, durch die ich das bin, was ich bin, vom Körper ganz verschieden und selbst leichter als dieser zu erkennen ist; ja selbst wenn dieser nicht wäre, würde die Seele nicht aufhören, das zu sein, was sie ist.

Demnächst untersuchte ich, was im Allgemeinen zur Wahrheit und Gewissheit eines Satzes nöthig sei; denn nachdem ich einen solchen eben gefunden hatte, so müsste ich nunmehr auch wissen, worin diese Gewissheit besteht. Ich bemerkte, dass in dem Satz: »*Ich denke, also bin ich*«, nichts enthalten ist, was mich seiner Wahrheit versicherte, ausser dass ich klar einsah, dass, um zu denken, man sein muss. Ich nahm davon als allgemeine Regel ab, dass alle von uns ganz klar und deutlich eingesehenen Dinge wahr sind, und dass die Schwierigkeit nur darin besteht, die zu erkennen, welche wir deutlich einsehen.

Demnächst schloss ich aus meinem Zweifeln, dass mein Wesen nicht ganz vollkommen sei. Denn ich erkannte deutlich, dass das Erkennen eine grössere Vollkommenheit als das Zweifeln enthält. Ich forschte deshalb, woher ich den Gedanken eines vollkommeneren Gegenstandes, als ich selbst war, empfangen habe, und erkannte, dass dieses von einer wirklich vollkommeneren Natur gekommen sein müsse. Die Vorstellungen anderer Dinge ausser mir, wie die des Himmels, der Erde, des Lichts, der Wärme und tausend anderer, machten mir in Bezug auf ihren Ursprung weniger Mühe. Denn ich fand nichts in ihnen, was sie höher als mich gestellt hätte, und sie konnten daher, wenn sie wahr waren, Accidenzen meiner Natur sein, soweit diese eine Vollkommenheit enthielt; und waren sie es nicht, so hatte ich sie von dem Nichts, d. h. sie waren in mir, weil mir etwas mangelte. Aber dies konnte nicht in gleicher Weise für die Vorstellung eines vollkommeneren Wesens als ich gelten; denn es war offenbar unmöglich, dass ich dessen Vorstellung von Nichts haben könnte, und da es ein Widerspruch ist, dass ein Vollkommeneres die Wirkung oder das Accidenz eines weniger Vollkommenen sei, weil darin läge, dass Etwas aus Nichts würde, so konnte ich diese Vorstellung auch nicht von mir selbst haben. So blieb nur übrig, dass sie mir von einer Natur eingeflösst war, die wirklich vollkommener als ich war, und die alle jene Vollkommenheiten in sich enthielt, die ich vorstellte, d. h. mit einem Wort, die Gott war. Ich fügte dem hinzu, dass, weil ich einige Vollkommenheiten kannte, die ich nicht hatte, ich nicht das einzige daseiende Wesen sei (ich will mich hier mit Erlaubniss des Lesers der Schulausdrücke bedienen), sondern dass es nothwendig noch ein vollkommeneres gebe, von dem ich abhänge, und dem ich Alles, was ich hatte, verdankte. Denn wäre ich allein und ganz unabhängig gewesen, so dass ich Alles, was ich von dem höchsten Wesen vorstellte, von mir selbst gehabt hätte, so würde ich auch aus demselben Grunde alles jenes Mehrere haben können, von dem ich wusste, dass es mir fehlte, und ich hätte so selbst unendlich ewig, unveränderlich, allwissend, allmächtig sein und alle jene Vollkommenheiten haben können, die ich in Gott vorstellte. Denn nach der hier angewandten Beweisführung habe ich, um die Natur Gottes so weit zu erkennen, als es die meinige gestattet, bei allen Dingen, deren Vorstellung sich in mir findet, nur zu fragen, ob es eine Vollkommenheit einschliesst, sie zu besitzen oder nicht. Ich war sicher, dass keine von denen, die eine Unvollkommenheit anzeigten, in Gott enthalten seien, wohl aber alle anderen. So sah ich, dass der Zweifel, die Unbeständigkeit, die Traurigkeit und Aehnliches nicht in ihm sein konnten, da ich selbst froh gewesen sein würde, wenn ich davon frei gewesen wäre.

Ich hatte ferner ausserdem Vorstellungen von sinnlichen und körperlichen Dingen. Denn wenn ich auch annahm, dass ich träumte, und dass Alles, was ich sah oder vorstellte, falsch sei, so konnte ich doch keinesfalls leugnen, dass die Vorstellungen davon sich in meinem Denken befanden. Da ich nun schon deutlich in mir erkannt hatte, dass die denkende Natur von der körperlichen unterschieden war, so schloss ich in Betracht, dass alle Zusammensetzung Abhängigkeit beweist, und die Abhängigkeit offenbar ein Mangel ist, dass es keine Vollkommenheit in Gott sein könne, aus zwei solchen Naturen zu bestehen, und dass folglich dieses bei ihm nicht der Fall sei, sondern dass, wenn es gewisse Körper oder gewisse Geister oder andere Naturen in der Welt gebe, die nicht ganz vollkommen wären, ihr Wesen von seiner Macht in der Weise abhängen müsse, dass sie keinen Augenblick ohne seine Hülfe bestehen können.

Ich wollte nun noch mehr Wahrheiten aufsuchen und nahm den Gegenstand der Geometer in Erwägung. Ich fasste ihn als einen stetigen Körper auf, oder als einen in Länge, Breite und Tiefe ohne Ende ausgedehnten Raum, der in verschiedene Theile getrennt werden kann, verschiedene Gestalten und Grössen hat und in jeder Weise bewegt und fortgebracht wird, wie die Geometer dies Alles von ihrem Gegenstand annehmen. Ich betrachtete nun einen ihrer einfachsten Beweise und bemerkte, dass die grosse Gewissheit, welche alle Welt ihnen zutheilt, nur darauf beruht, dass man sie nach der eben angegebenen Regel klar begreift; aber ich bemerkte auch, dass nichts in ihnen mich von dem Dasein ihres Gegenstandes versicherte.

So sah ich wohl ein, dass bei Annahme eines Dreiecks seine drei Winkel zwei rechten gleich sein mussten; aber nichts überzeugte mich von dem Dasein eines solchen Dreiecks, während ich bei der Vorstellung, die ich von einem vollkommenen Wesen hatte, fand, dass das Dasein mit ihr ebenso verknüpft war, wie bei der Vorstellung des Dreiecks die Gleichheit seiner drei Winkel mit zwei rechten, oder bei der Vorstellung eines Kreises der gleiche Abstand aller Theile seines Umrings von seinem Mittelpunkt; ja die Verknüpfung war noch offenbarer. Folglich ist es mindestens ebenso gewiss, wie irgend ein geometrischer Beweis es nur sein kann, dass Gott als dieses vollkommene Wesen ist oder besteht.

Wenn Manche meinen, dass es schwer sei, Gott zu erkennen, und auch schwer, ihre Seele zu erkennen, so kommt es davon, dass sie ihren Geist nie über die sinnlichen Dinge erheben, und dass sie so an dieses bildliche Vorstellen gewöhnt sind, was eine besondere Art des Denkens für die körperlichen Dinge ist, dass sie Alles, was sie nicht bildlich vorstellen können, auch nicht für begreiflich halten. Dies ist die Folge davon, dass selbst die Philosophen in den Schulen als Grundsatz lehren, es gebe in dem Verstande nichts, was nicht zuvor in den Sinnen gewesen sei. Nun ist es aber jedenfalls gewiss, dass die Vorstellungen von Gott und von der Seele niemals in den Sinnen gewesen sind, und es scheint mir, dass die, welche sie mit ihrer Einbildungskraft begreifen wollen, denen gleichen, welche mit den Augen die Töne hören oder die Gerüche riechen wollen, wobei noch der Unterschied ist, dass der Gesichtssinn uns der Wahrheit seiner Gegenstände ebenso versichert, wie der Geruch und das Gehör; während unser bildliches Vorstellen und unsere Sinne uns nie Gewissheit von etwas gewähren können, wenn nicht unser Verstand hinzukommt.

Sollte es endlich noch Menschen geben, die durch die von mir beigebrachten Gründe von dem Dasein Gottes und ihrer Seele noch nicht überzeugt wären, so mögen diese bedenken, dass alles Andere, was sie für gewisser halten, z. B. dass sie einen Körper haben, dass es Gestirne, eine Erde und Aehnliches giebt, weniger gewiss ist. Denn wenn man auch eine moralische Gewissheit von diesen Dingen hat, derart, dass man an ihnen, ohne verkehrt zu sein, nicht zweifeln kann, so kann man doch auf jeden Fall, wenn man nicht unvernünftig sein will, und wenn es sich um die metaphysische Gewissheit handelt, nicht leugnen, dass jene Gewissheit nicht höher steht als die, welche im Traume besteht, wo man sich ebenso vorstellt, einen anderen Körper zu haben und andere Gestirne und eine andere Erde zu sehen, ohne dass doch etwas der Art besteht. Denn woher weiss man, dass die Vorstellungen im Traume nicht so wahr wie die anderen sind, da sie doch oft ebenso lebhaft und deutlich sind? Mögen die besten Köpfe darüber nachdenken, so lange sie wollen, sie werden nie einen genügenden Grund für Beseitigung dieses Zweifels beibringen können, wenn sie nicht zuvor das Dasein Gottes annehmen. Denn selbst jene von mir gesetzte Regel, dass Alles, was ich klar und deutlich erkenne, wahr sei, ist nur zuverlässig, weil Gott ist oder besteht, und weil er ein vollkommenes Wesen ist, und weil Alles in uns von ihm kommt; hieraus folgt, dass unsere Vorstellungen oder Begriffe als wirkliche Dinge, die, soweit sie klar und deutlich sind, von Gott kommen, wahr sein müssen. Wenn wir also auch falsche Vorstellungen haben, so können es nur die verworrenen und dunkelen sein; denn insoweit nehmen sie an dem Nichts Theil, d. h. sie sind nur deshalb in uns verworren, weil wir nicht ganz vollkommen sind. Auch ist es offenbar ebenso widersinnig, zu behaupten, dass die Unwahrheit oder Unvollkommenheit von Gott komme, als dass die Wahrheit und Vollkommenheit von Nichts komme. Wüssten wir aber nicht, dass alles Wirkliche und Wahre in uns von einem vollkommenen und unendlichen Wesen kommt, so würden wir trotz der Klarheit und Deutlichkeit unserer Vorstellungen keine Gewissheit dafür haben, dass sie die Vollkommenheit hätten, wahr zu sein.

Nachdem so die Erkenntniss Gottes und unserer Seele uns von diesem Grundsatz überzeugt hat, so ergiebt sich leicht, dass die Vorstellungen in unseren Träumen uns nicht zweifelhaft über die Wahrheit unserer Vorstellungen im Wachen machen können. Denn wenn es sich selbst träfe, dass man eine sehr bestimmte Vorstellung im Traume hätte, z. B. dass ein Geometer einen neuen Beweis entdeckte, so würde sein Träumen der Wahrheit nicht entgegenstehen; was aber den gewöhnlichen Irrthum unserer Träume anlangt, dass sie uns die Gegenstände ebenso vorstellen wie die äusseren Sinne, so schadet es nichts, wenn dies uns gegen die Wahrheit solcher Vorstellungen misstrauisch macht, da sie auch im Wachen uns oft täuschen können. So sehen die Gelbsüchtigen Alles in gelben Farben, und so erscheinen die Gestirne oder andere ferne Körper uns viel kleiner, als sie sind. Denn zuletzt darf man, mag man wachen oder träumen, sein Fürwahrhalten nur auf das Zeugniss der Vernunft stützen und nicht auf das der Einbildung oder der Sinne. Denn so deutlich man auch die Sonne sieht, so darf man doch ihre Grösse nicht so nehmen, wie man sie sieht, und wir können uns sehr deutlich einen Löwenkopf auf einem Ziegenkörper vorstellen, ohne dass daraus folgt, es gebe wirklich eine Chimäre. Die Vernunft sagt uns nicht, dass das so Gesehene oder Vorgestellte wahr sei; aber sie sagt, dass alle unsere Vorstellungen und Begriffe ihren Grund in etwas Wahrem haben. Denn es ist unmöglich, dass Gott, als ein ganz vollkommenes und wahrhaftes Wesen, sie ohnedem in uns gelegt hätte. Da nun unsere Begründungen im Traume nie so vollständig und überzeugend sind als im Wachen, obgleich einzelne Vorstellungen dort gleich lebhaft und deutlich sind, so sagt die Vernunft uns auch, dass unsere Gedanken nicht ganz wahr sein können, weil wir nicht ganz vollkommen sind, und dass das, was sie Wahres enthalten, sich offenbar mehr in denen befindet, die wir im Wachen und nicht im Träumen haben.

## Fünfter Abschnitt.

Gern verfolgte und zeigte ich hier die ganze Kette der übrigen Wahrheiten, die ich aus diesen ersten abgeleitet habe. Ich müsste indess dabei manche unter den Gelehrten bestrittenen Fragen behandeln, und da ich mich mit diesen nicht überwerfen mag, so unterlasse ich es lieber und erwähne ihrer nur im Allgemeinen; Weisere mögen dann entscheiden, ob es nützlich sei, das Einzelne dem Publikum vorzulegen. Ich habe immer fest an dem Satz gehalten, kein anderes Prinzip anzunehmen, als das, was ich soeben zum Beweis von dem Dasein Gottes und der Seele benutzt habe, und Nichts für wahr zu halten, was mir nicht noch klarer und deutlicher war, als es früher die geometrischen Beweise gewesen waren. Dennoch habe ich zufriedenstellende Ergebnisse über die wichtigsten und schwierigen Fragen gewonnen, die man gewöhnlich in der Philosophie behandelt, und ich habe Gesetze gefunden, die Gott so in die Natur gelegt hat, und deren Vorstellung er so unserer Seele eingeprägt hat, dass sie selbst nach der sorgfältigsten Erwägung als solche angesehen werden müssen, welche für Alles in der Welt gelten. Durch die Betrachtung dieser Reihe von Gesetzen glaube ich einige Wahrheiten entdeckt zu haben, die nützlicher und wichtiger sind als die, welche ich vorher gehört oder zu hören gehofft hatte.

Da ich die wichtigsten davon in einer Abhandlung entwickeln will, die zu veröffentlichen ich jetzt noch behindert bin, so kann ich sie hier nicht besser mittheilen, als wenn ich den Hauptinhalt dieser Abhandlung hier angebe. Ich hatte anfänglich die Absicht, Alles darin aufzunehmen, was ich über die Natur der körperlichen Dinge wusste. Aber schon die Maler wählen, weil sie auf der Fläche nicht alle verschiedenen Ansichten eines Körpers gleich gut darstellen können, eine hervorstechende, die sie allein in das Licht stellen; das Andere lassen sie dunkler und nur so weit, wie es bei dem Sehen in der Wirklichkeit geschieht, hervortreten. So fürchtete auch ich, dass ich in meine Abhandlung nicht Alles, was ich im Kopfe hatte, würde aufnehmen können, und setzte deshalb ausführlicher nur meine Gedanken über das Licht aus einander und fügte dann etwas über die Sonne und die Fixsterne hinzu, von denen das Licht beinahe allein ausgeht; ferner von dem Himmel, der es uns sendet; von den Planeten, den Kometen und der Erde, weil sie das Licht zurückwerfen, und von den auf der Erde befindlichen Körpern, soweit sie farbig oder durchsichtig oder leuchtend sind, und endlich behandelte ich den Menschen, weil er der Sehende ist. Um indess über Alles dies einen leichten Schatten fallen zu lassen, und um meine Ansichten freier aussprechen zu können, ohne den unter den Gelehrten herrschenden Meinungen nachgehen oder sie widerlegen zu müssen, beschloss ich, diese irdische Welt hier ihnen ganz zu ihren Streitigkeiten zu überlassen und nur das zu besprechen, was in einer ganz neuen geschehen würde, wenn Gott an einem Ort in dem Weltraume genügenden Stoff zu ihrer Gestaltung erschüfe, und wenn er den verschiedenen Theilen dieses Stoffes mancherlei Bewegungen gäbe, in Folge deren ein verworrenes Chaos sich bildete, wie es die Dichter nur erdenken können. Nachher möchte Gott dieser Natur nur seinen gewöhnlichen Beistand leisten und sie nach den ihr gegebenen Gesetzen sich entwickeln lassen. So beschrieb ich zuerst diesen Stoff und suchte ihn als das Klarste und Deutlichste in der Welt darzustellen, mit Ausnahme dessen, was über Gott und die Seele oben gesagt worden ist. Ich nahm sogar ausdrücklich an, dass dieser Stoff keine von den Eigenschaften und Gestalten hätte, über die man in den Schulen streitet, und überhaupt nichts, was nicht so natürlich wäre, dass dessen Kenntniss sich von selbst verstände. Ferner zeigte ich die Gesetze der Natur auf, und, ohne mich auf ein anderes Prinzip, als auf die unendliche Vollkommenheit Gottes zu stützen, suchte ich von da aus alles irgend Zweifelhafte festzustellen und zu zeigen, dass selbst, wenn Gott mehrere Welten geschaffen hätte, diese Gesetze dennoch in jeder gelten würden. Dann zeigte ich, wie der grösste Theil des Stoffes in diesem Chaos sich in Folge dieser Gesetze zu einander stellen und in einer Weise ordnen würde, die unserem Himmel gliche, wie ein Theil dieses Stoffes die Erde bilden müsse, ein anderer die Planeten und Kometen und ein anderer die Sonne und die Fixsterne. Nachdem ich hier zu meinem Gegenstande, dem Licht, gelangt war, entwickelte ich möglichst ausführlich, was die Sonne und die Sterne davon enthalten, wie es von dort in einem Augenblick die ungeheuren Räume des Himmels durchdringt, und wie es, von den Planeten und Kometen zurückgeworfen, die Erde erreicht. Ich fügte hier auch Einiges über die Substanz, die Lage, die Bewegung und andere Eigenschaften des Himmels und der Gestirne bei, um zu zeigen, wie nichts in der irdischen Welt besteht, was nicht dem in der von mir beschriebenen Welt gleichen müsste oder könnte.

Von da kam ich auf die Erde insbesondere zu sprechen und zeigte, wie selbst ohne die Annahme, dass Gott in den Stoff, aus dem sie besteht, die Schwere gelegt habe, doch alle ihre Theile genau nach dem Mittelpunkt strebten; wie bei dem Dasein von Wasser und Luft auf ihrer Oberfläche die Stellung des Himmels und der Gestirne, insbesondere des Mondes, eine Ebbe und Fluth darin, wie die in unseren Meeren beobachtete, und ausserdem einen Strom im Wasser und in der Luft von Morgen nach Abend verursachen müsse, wie man ihn innerhalb der Wendekreise bemerkt. Ich zeigte, wie die Gebirge, die Meere, die Quellen und die Ströme natürlich entstehen, wie die Metalle in die Gesteine kommen, wie die Pflanzen auf den Feldern wachsen und überhaupt alle gemischten oder zusammengesetzten Körper sich auf ihr erzeugen. Da neben den Gestirnen ich nur das Feuer als eine Ursache des Lichtes kenne, so bemühte ich mich, alles zur Natur des Feuers Gehörige möglichst verständlich zu machen; insbesondere darzulegen, wovon es entstellt, wie es sich ernährt, wie es manchmal nur Wärme ohne Licht und manchmal nur Licht ohne Wärme besitzt; wie es in dem Körper verschiedene Farben und andere Eigenschaften hervorbringen kann; wie es das Eine schmilzt und das Andere verhärtet; wie es beinahe Alles verzehren oder in Asche und Rauch verwandeln kann, und wie es aus dieser Asche durch seine Kraft allein das Glas bildet. Diese Umwandlung der Asche in Glas schien mir zu den wunderbarsten Vorgängen der Natur zu gehören, und ich fand besondere Freude an ihrer Beschreibung.

Allein mit Alledem wollte ich nicht darlegen, dass die Welt in der von mir angegebenen Weise wirklich erschaffen worden sei; vielmehr ist es wahrscheinlicher, dass Gott sie gleich mit *einem* Male so gemacht bat, wie sie sein soll. Indess ist es gewiss und unter den Theologen allgemein anerkannt, dass die Thätigkeit, durch welche Gott die Welt erhält, dieselbe ist wie die, durch die er sie geschaffen hat. Wenn er ihr also auch im Anfange nur die Form eines Chaos gegeben und nach Feststellung der Naturgesetze ihr nur seinen Bestand zur Entwickelung wie bisher gegeben hätte, so würden doch, ohne damit dem Wunder der Schöpfung zu nahe zu treten, dadurch allein alle rein körperlichen Dinge mit der Zeit sich haben entwickeln können, wie man sie jetzt sieht, und ihre Natur wird viel verständlicher, wenn man sie in dieser Weise entstehen sieht, als wenn man sie nur als fertige betrachtet.

Von dieser Beschreibung der leblosen Körper und Pflanzen ging ich zu den Thieren, insbesondere zum Menschen über. Da meine Kenntnisse hier aber nicht hinreichten, um in der bisherigen Weise darüber sprechen zu können, d. h. um die Wirkungen aus den Ursachen abzuleiten, und aus welchen Samen die Natur sie hervorbringt, so begnügte ich mich mit der Annahme, dass Gott den menschlichen Körper in seiner äusseren Gestalt, wie in der Bildung seiner inneren Organe ganz dem unsrigen ähnlich aus dem von mir beschriebenen Stoffe geschaffen habe, und dass er anfänglich keine vernünftige Seele noch sonst etwas von einer lebenden und empfindenden Seele in ihn gelegt, sondern in seinem Herzen nur eines von den Feuern ohne Licht entzündet habe, das ich eben erwähnt habe, und das ich mir von gleicher Art vorstellte, wie es bei der Erhitzung des Heues sich zeigt, sobald dieses feucht zusammengepackt wird, oder bei der Erhitzung des jungen Weines, wenn man ihn mit den Schalen gären lässt. Denn bei Prüfung der daraus in dem Körper hervorgehenden Verrichtungen fand ich genau dieselben wie bei uns, ohne dass wir daran denken, und ohne dass unsere Seele, als der von dem Körper unterschiedene Theil, dessen Natur nach dort Obigen nur in dem Denken besteht, etwas dazu beiträgt. Diese Verrichtungen sind deshalb die, welche wir mit den unvernünftigen Thieren gemein haben; allein sie enthalten nichts von den Vorzügen, welche von dem Denken abhängen und uns allein, als Menschen, angehören. Dagegen fand ich auch diese letzteren darin, nachdem ich angenommen, dass Gott eine vernünftige Seele geschaffen und sie mit dem Körper in der angegebenen Weise verbunden hatte.

Damit man sehen kann, wie ich diesen Gegenstand behandelt habe, will ich hier die Erklärung von der Bewegung des Herzens und der Arterien geben. Da diese Bewegung die erste und allgemeinste ist, die man bei den Thieren bemerkt, so kann man daraus leicht das Nöthige für die übrigen Bewegungen abnehmen; um das Folgende besser zu verstehen, wird es gut sein, wenn die, welche mit der Anatomie nicht vertraut sind, sich vorher das Herz eines grossen Thieres mit Lungen, welches dem menschlichen ganz ähnlich ist, aufschneiden und sich die beiden Kammern oder Höhlen desselben zeigen lassen; zuerst die auf der rechten Seite, welche mit zwei sehr starken Röhren oder Adern in Verbindung steht, d. h. mit der Hohlvene, der Hauptempfängerin des Blutes und gleichsam des Stammes des Baumes, von dem die übrigen Venen des Körpers Zweige vorstellen, und mit der Arterienvene, welche diesen schlechten Namen erhalten hat, weil sie wirklich eine Arterie ist, die vom Herzen ausgeht und sich dann in mehrere Zweige theilt, die sich in den Lungen verbreiten. Alsdann mögen sie sich die Kammer auf der linken Seite öffnen lassen, mit der ebenfalls zwei Röhren verbunden sind, ebenso gross oder noch grösser als die vorigen, nämlich die Venenarterie, – auch ein schlechter Name, da sie nur eine Vene ist, die von den Lungen kommt, wo sie sich in mehrere Zweige theilt und mit den Venen der Arterienvene und mit den Verzweigungen der Luftröhre sich verbindet, durch welche die eingeathmete Luft eintritt, – und die grosse Arterie, welche von dem Herzen aus ihre Zweige durch den ganzen Körper vertheilt. Ich möchte auch, dass die Leser sich elf kleine Häute zeigen liessen, die wie ebenso viele kleine Thüren die vier Löcher dieser zwei Höhlen öffnen und schliessen. Drei davon sind bei dem Eintritt der Hohlvene so gestellt, dass sie den Abfluss des in derselben enthaltenen Blutes in die rechte Herzkammer nicht hindern, aber seinen Rücktritt hemmen; drei andere befinden sich am Eintritt der Arterienvene, welche, umgekehrt gestellt, das Blut zwar in die Lungen abfliessen, aber das Lungenblut nicht zurückkehren lassen. Ebenso lassen am Eintritt der Venenarterie zwei andere Häute das Blut aus der Lunge in die linke Herzkammer eintreten, aber stellen sich seinem Rücklauf entgegen, und drei am Eintritt der grossen Arterie lassen das Blut aus dem Herzen aus-, aber nicht wieder eintreten. Der Grund für diese Zahl der Häute ist, dass die Oeffnung der Venenarterie an der betreffenden Stelle oval ist und daher mit zwei Häuten genügend verschlossen werden kann, während die übrigen, welche rund sind, dazu dreier bedürfen. Die Leser mögen sich ausserdem zeigen lassen, wie die grosse Arterie und die Arterienvene von viel festerem und härterem Stoffe sind als die Venenarterie und die Hohlvene, und dass die letzteren vor ihrem Eintritt in das Herz sich ausweiten und zwei Beutel, die sogenannten Herzohren, bilden, die im Fleische dem Herzen ähnlich sind, und dass es im Herzen immer wärmer als an den andern Stellen des Körpers ist, und dass diese Wärme, wenn ein Blutstropfen in die Höhlen tritt, letztere schnell aufbläht und erweitert, wie es bei allen Flüssigkeiten geschieht, die man tropfenweise in ein sehr heisses Gefäss fallen lässt.

Mit Rücksicht hierauf brauche ich zur Erklärung der Herzbewegung nur zu sagen, dass, wenn seine Höhlen leer vom Blute sind, solches aus der Hohlvene in die rechte und aus der Venenarterie in die linke Kammer eintritt, da diese Adern immer davon angefüllt sind, und ihre nach dem Herzen zu mündenden Oeffnungen es davon nicht abschliessen können. Sobald aber ein Blutstropfen in jede dieser Höhlen eingetreten ist, welche Tropfen bei der Grösse der Oeffnungen und bei der Anfüllung der Gefässe von Blut sehr gross sein müssen, verdünnt es sich und dehnt sich wegen der darin herrschenden Hitze aus.

Damit dehnt sich das ganze Herz aus, und es schliessen sich die fünf kleinen Thüren am Eingange der beiden Adern, aus denen sie gekommen sind, und hemmen so den weiteren Eintritt von Blut in das Herz. Indem jene Blutstropfen in ihrer Verdünnung fortfahren, drücken und öffnen sie die sechs anderen kleinen Thüren am Eingange der Adern, treten durch diese heraus und blähen dadurch alle Verzweigungen der Arterienvene und der grossen Arterie beinahe gleichzeitig mit dem Herzen auf. Dies sinkt gleich darauf, wie auch die Arterien, wieder zusammen, weil das eingetretene Blut sich abkühlt; ihre sechs kleinen Thüren schliessen sich, und die fünf der Hohlvenen und Venenarterie öffnen sich wieder und lassen wieder zwei neue Blutstropfen hindurch, die sofort wieder das Herz und die Arterien aufblähen, wie das erste Mal. Weil das Blut vor seinem Eintritt in das Herz die beiden Beutel, welche man seine Ohren nennt, durchläuft, so ist dadurch die Bewegung des Herzens der ihrigen entgegengesetzt; sie sinken zusammen, während jenes sich ausdehnt. – Damit endlich Die, welche die Stärke mathematischer Beweise nicht kennen und nicht gewohnt sind, die wahren Gründe von den scheinbaren zu unterscheiden, nicht voreilig diese Angaben ohne Prüfung bestreiten, so bemerke ich, dass diese dargelegte Bewegung nothwendig aus der blossen Stellung der Organe folgt, die man am Herzen mit den Augen sehen kann, und von der Hitze, die man mit den Fingern fühlen kann, sowie aus der Natur des Blutes, das man durch Versuche feststellen kann, und zwar folgt das Alles so genau, wie die Bewegung in einer Uhr aus der Kraft, der Stellung und Gestalt ihrer Gewichte und Räder.

Fragt man aber, weshalb das Venenblut sich nicht erschöpfe, da es doch ununterbrochen in das Herz fliesse, und weshalb die Arterien nicht davon überfüllt werden, weil alles Blut aus dem Herzen in sie abfliesst, so bedarf es nur der Antwort, die schon ein englischer Arzt gegeben hat, der in rühmlicher Weise das Eis hier gebrochen und zuerst gelehrt hat, dass es am Ende der Arterien kleine Gänge giebt, durch welche das von dem Herzen empfangene Blut in die kleinen Zweige der Venen übertritt, von wo es sich sofort wieder nach dem Herzen wendet, so dass die Blutbewegung ein fortwährender Kreislauf ist. Er zeigt dies deutlich an den gewöhnlichen Operationen der Wundärzte, die durch ein Umbinden des Armes oberhalb des Ortes, wo sie in die Vene einschlagen, das Blut stärker fliessen machen, als wenn dieses Umbinden nicht geschieht; geschähe es aber unterhalb nach der Hand zu, so würde das Gegentheil eintreten, wenn sie nicht zugleich den Arm darüber sehr stark einschnüren. Denn offenbar kann die massige Unterbindung des Armes die Rückkehr des in demselben befindlichen Blutes durch die Venen nach dem Herzen verhindern, aber nicht, dass neues Blut aus den Arterien hinzukomme, da diese unter den Venen liegen und ihre härtere Haut sich weniger zusammendrücken lässt. Also wird dadurch das von dem Herzen kommende Blut stärker nach dem Arm getrieben, als es von dort durch die Venen nach dem Herzen drängt. Da nun dieses Blut durch einen Schnitt in die Vene aus dem Arme herausfliesst, so muss es nothwendig den Zugang unterhalb des Bandes haben, d. h. am Ende des Armes, wo es von der Arterie aus eintreten kann. Dieser Arzt beweist auch die Bewegung des Blutes durch die kleinen Häute, welche sich längs der Venen so gestellt befinden, dass das Blut nicht aus der Mitte des Körpers nach dessen Enden, sondern nur von da nach den Lungen fliessen kann. Ebendasselbe folgt aus dem Umstande, dass das ganze Blut in kurzer Zeit durch eine einzige geöffnete Arterie ausfliessen kann, wenn sie auch in der Nähe des Herzens stark unterbunden und zwischen dem Herzen und dem Bande geöffnet wird, da man dann das daraus fliessende Blut durchaus nicht von anderwärts ableiten kann.

Es giebt indess noch manche andere Umstände, welche bestätigen, dass die von mir angegebene Ursache des Blutumlaufs die wahre ist. So kann erstens der Unterschied des Venen- von dem Arterienblut nur davon kommen, dass dieses bei seinem Durchgang durch das Herz verdünnt und gleichsam destillirt worden und deshalb feiner, lebendiger und heisser bei seinem Ausgange ist, d. h. in den Arterien, als vor seinem Eintritt, d. h. in den Venen. Bei genauerer Beobachtung zeigt sich dieser Unterschied nur in der Nähe des Herzens und nicht in den davon entfernten Stellen. Ferner zeigt die Härte der Haut bei der Arterienvene und der grossen Arterie deutlich, dass das Blut gegen sie mit grösserer Stärke als gegen die Venen pocht. Und weshalb wären die linke Herzkammer und die grosse Arterie weiter und geräumiger als die rechte und die Arterienvene, wenn nicht das Blut der Venenarterie, was von dem Herzen nur in die Lunge gegangen ist, feiner wäre und sich mehr und leichter verdünnte als das, was unmittelbar aus der Hohlvene kommt? Und wie könnten die Aerzte den Puls benutzen, wenn sie nicht wüssten, dass das Blut nach seinem verschiedenen Zustande mehr oder weniger durch die Hitze des Herzens verdünnt und beschleunigt werden kann? Wenn man nun fragt, wie sich diese Hitze den anderen Theilen mittheile, muss man da nicht das Blut als den Vermittler anerkennen, welches bei seinem Durchgang durch das Herz sich erhitzt und von da durch den ganzen Körper verbreitet? Wie kommt es, dass man mit Wegnahme des Blutes aus einem Gliede auch ihm seine Wärme nimmt? Selbst wenn das Herz so glühend wie geschmolzenes Eisen wäre, würde es doch Hände und Füsse nicht so wie jetzt erwärmen können, wenn es ihnen nicht immer frisches Blut zusendete. Daraus ersieht man auch, dass der wahre Nutzen des Athmens darin besteht, den Lungen viel frische Luft zuzuführen, um das von der rechten Herzkammer kommende Blut, wo es verdünnt und gleichsam in Dunst umgewandelt worden ist, wieder in Blut zu verdichten und zu verwandeln, ehe es in die linke Kammer tritt; denn sonst könnte es nicht zum Unterhalt der dort befindlichen Hitze dienen. Dies wird durch die Thiere ohne Lungen bestätigt, die nur *eine* Herzkammer haben; ebenso durch die Frucht im Mutterleibe, welche die Lungen nicht gebrauchen kann und deshalb eine Oeffnung hat, durch welche das Blut der Hohlvene in die linke Herzkammer fliesst, und eine Ader, die es, ohne durch die Lunge zu gehen, aus der Arterienvene in die grosse Arterie überführt. Wie sollte ferner die Verdünnung im Magen vor sich gehen, wenn das Herz nicht durch die Arterien Wärme und zugleich einzelne wirksamere Bestandtheile des Blutes hinsendete, welche die Auflösung der in den Magen gelangten Fleischspeisen unterstützen? Ist nicht der Vorgang, welcher den Saft dieser Speisen in Blut umwandelt, leicht zu verstehen, wenn man bedenkt, dass dieser Saft bei seinen vielleicht hundert- bis zweihundertmal täglich erfolgenden Durchgängen durch das Herz destillirt wird? Bedarf es etwas Weiteres, um die Entstehung und Unterhaltung der verschiedenen Säfte des Körpers zu erklären, als die Kraft, mit der das Blut bei seiner Verdünnung von dem Herzen nach den Enden der Arterien treibt, wobei einzelne Theile desselben in den Gliedern haften bleiben und andere vertreiben, an deren Stelle sie treten, und dass je nach der Lage, Gestalt und Grösse der Poren, welche sie treffen, ein Theil sich eher hier wie dorthin zieht, ähnlich wie bekanntlich Siebe von verschiedener Feinheit zur Reinigung des Getreides benutzt werden? Das Merkwürdigste dabei bleibt die Erzeugung der Lebensgeister, die gleich einer feinen Luft oder einer reinen und lebhaften Flamme fortwährend in Menge vom Herzen in das Gehirn aufsteigen, von dort durch die Nerven in die Muskeln dringen und allen Gliedern die Bewegung verleihen, ohne dass es dazu einer anderen Ursache als des Blutes bedarf, dessen beweglichste und durchdringendste Theile am meisten zur Bildung dieser Geister geeignet sind und eher nach dem Gehirn als anderswohin drängen. Die Arterien, welche sie dahin führen, gehen vom Herzen aus gerade dahin, und nach den Regeln der Mechanik, welches die der Natur sind, müssen, wenn mehrere Stoffe nach einer Richtung drängen, wo sie nicht alle Platz haben, wie dies mit dem Blute nach dessen Austritt aus der linken Herzkammer nach dem Gehirn der Fall ist, die schwächeren und mittleren Bestandtheile desselben von den stärkeren zurückgedrängt werden, und letztere gelangen so allein nach dem Gehirn.

Ich hatte dies Alles in der Abhandlung, welche ich veröffentlichen wollte, genau dargestellt. Sodann hatte ich gezeigt, welcher Art die Thätigkeit der Nerven und Muskeln des menschlichen Körpers sein muss, damit die darin befindlichen Lebensgeister dessen Glieder bewegen können, wie man ja an den Köpfen, nachdem sie abgeschlagen sind, noch einige Zeit sieht, dass sie zucken und in die Erde beissen, obgleich sie nicht mehr lebendig sind. Ferner hatte ich die Veränderungen im Gehirn dargelegt, die das Wachen, Schlafen und Träumen hervorbringen; ferner wie das Licht, die Töne, die Gerüche, die Geschmäcke und übrigen Eigenschaften der Körper die Vorstellungen davon durch die Vermittelung der Sinne erwecken können, und wie der Hunger, der Durst und die übrigen inneren Gefühle auch ihre Vorstellungen erwecken. Ferner hatte ich gezeigt, was als der gemeinsame Sinn anzusehen ist, wo diese Vorstellungen empfangen werden, was als das Gedächtniss, das sie bewahrt, und was als die Phantasie, welche sie mannichfach verändern und zu neuen verbinden kann. Ebenso hatte ich gezeigt, wie durch Vertheilung der Lebensgeister in den Muskeln die Glieder des Körpers sich verschieden bewegen, und wie je nach den den Sinnen sich bietenden Gegenständen und inneren Gefühlen die Organe sich bewegen können, ohne dass der Wille sie leitet. Dies wird Niemand wundern, der weiss, wie mancherlei Automaten oder sich bewegende Maschinen die menschliche Erfindungskraft mit Mitteln herstellen kann, die in Vergleich zu den Knochen, Muskeln, Nerven, Arterien, Venen und übrigen Theilen des thierischen Körpers nur geringfügig sind, und wie deshalb dieser Körper als eine von Gott gemachte Maschine unvergleichlich besser eingerichtet und in seinen Bewegungen viel wunderbarer sein wird als das, was die Menschen in dieser Beziehung erfinden können. Ich hatte hier gezeigt, dass, wenn es solche Maschinen gäbe mit den Organen und der äusseren Gestalt eines Affen oder anderer unvernünftiger Thiere, wir kein Mittel haben würden, sie ihrer Natur nach von den Thieren zu unterscheiden. Hätten dagegen solche Maschinen Aehnlichkeit mit unserem Körper und ahmten sie seine Bewegungen so weit als möglich nach, so würden wir zwei untrügliche Mittel haben, um sie von wirklichen Menschen zu unterscheiden. Das erste wäre, dass diese Maschinen nie sich der Worte oder Zeichen bedienen können, durch deren Verbindung wir unsere Gedanken einem Anderen ausdrücken. Man kann zwar sich eine Maschine in der Art denken, dass sie Worte äusserte, und selbst Worte auf Anlass von körperlichen Vorgängen, welche eine Veränderung in ihren Organen hervorbringen; z. B. dass auf eine Berührung an einer Stelle sie fragte, was man wolle, oder schrie, dass man ihr weh thue, und Aehnliches; aber niemals wird sie diese Worte so stellen können, dass sie auf das in ihrer Gegenwart Gesagte verständig antwortet, wie es doch selbst die stumpfsinnigsten Menschen vermögen.

Zweitens würden diese Maschinen, wenn sie auch Einzelnes ebenso gut oder besser wie wir verrichteten, doch in anderen Dingen zurückstehen, woraus man entnehmen könnte, dass sie nicht mit Bewusstsein, sondern blos mechanisch nach der Einrichtung ihrer Organe handelten. Während die Vernunft ein allgemeines Instrument ist, das auf alle Arten von Erregungen sich äussern kann, bedürfen diese Organe für jede besondere Handlung auch eine besondere Vorrichtung, und deshalb ist es moralisch unmöglich, dass es deren so viele in einer Maschine giebt, um in allen Vorkommnissen des Lebens so zu handeln, wie wir es durch die Vernunft können. Durch diese Mittel kann man auch den Unterschied zwischen Mensch und Thier erkennen. Denn es ist sehr merkwürdig, dass selbst der stumpfsinnigste und dümmste Mensch, ja sogar die Verrückten einzelne Worte verbinden und daraus eine Rede herstellen können, wodurch sie ihre Gedanken mittheilen, während selbst das vollkommenste und besterzeugte Thier dies nicht vermag. Dies liegt nicht an einem Mangel der Organe; denn die Elstern und die Papageien können Worte wie wir aussprechen und können doch nicht reden wie wir, d. h. ihre Gedanken äussern, während die Taubstummen, die der Organe des Sprechens ebenso oder mehr als die Thiere beraubt sind, aus sich selbst Zeichen erfinden, durch die sie sich denen verständlich machen, welche Musse haben, ihre Sprache zu lernen.

Dies zeigt nicht blos einen niederen Grad von Vernunft bei den Thieren an, sondern dass sie ihnen ganz abgeht; denn zum Sprechen gehört nur wenig Vernunft. Da die einzelnen Thiere einer Gattung sich ebenso wie die einzelnen Menschen unterscheiden, und die einen leichter als die anderen zu dressiren sind, so würde der vollkommenste Affe oder Papagei in seiner Art gewiss es dem dümmsten Kinde oder einem blödsinnigen Kinde gleich thun, wenn ihre Seele nicht von der unsrigen völlig verschieden wäre. Man darf hierbei die Worte nicht mit den natürlichen Bewegungen vermengen, wodurch sich die Gefühle äussern, und welche die Menschen ebenso wie die Thiere nachmachen können, auch nicht mit einigen Alten glauben, dass die Thiere sprechen, und wir nur ihre Sprache nicht verstehen. Denn wäre dies der Fall, so würden bei der Uebereinstimmung vieler ihrer Organe mit den unsrigen sie sich uns ebenso wie Ihresgleichen verständlich machen können. Merkwürdig ist es allerdings, dass viele Thiere zwar in einzelnen Verrichtungen mehr Geschicklichkeit wie wir zeigen, dagegen in vielen anderen zurückstehen; aber daraus folgt nicht, dass sie Verstand haben, da sie sonst mehr haben und Alles besser machen würden als wir, vielmehr erhellt daraus, dass sie keinen haben, und dass nur die Natur in ihnen, je nach der Stellung ihrer Organe, handelt. So kann ja auch eine Uhr mit blossen Rädern und Federn viel genauer als wir mit all unserer Klugheit die Stunden zählen und die Zeit messen.

Demnächst hatte ich die vernünftige Seele beschrieben und gezeigt, dass sie auf keine Weise aus den Kräften des Stoffes, wie die übrigen erwähnten Dinge, abgeleitet werden könne, sondern dass sie besonders geschaffen sein müsse. Auch genügt es nicht, dass sie in den Körper, wie der Steuermann in dem Schiffe, gestellt sei, um seine Glieder zu bewegen, sondern dass sie enger mit ihm verbunden und geeint sei, wenn sie solche Empfindungen und Begehrungen wie wir haben und damit den ganzen Menschen herstellen soll. Ich habe etwas ausführlicher über die Seele wegen ihrer Wichtigkeit gehandelt; denn nächst dem Irrthume derer, die Gott leugnen, den ich oben genügend widerlegt habe, giebt es keinen, der die schwachen Geister mehr von dem Pfade der Tugend ableitet, als die Meinung, dass die Seelen der Thiere die gleiche Natur mit den unsrigen haben, und dass wir deshalb so wenig wie die Fliegen und Ameisen nach dem Tode etwas zu fürchten oder zu hoffen haben. Weiss man dagegen, wie sehr verschieden sie sind, so versteht man um so besser die Gründe, welche die Unabhängigkeit der Seele von ihrem Körper beweisen, und dass sie deshalb nicht zugleich mit ihm untergeht. Da man nun sonst keine Ursachen wahrnimmt, welche die Seele zerstören könnten, so ist man dann um so eher bereit, sie für unsterblich zu halten.

## Sechster Abschnitt.

Es sind nun drei Jahre, dass ich diese Abhandlung beendigt hatte und sie nochmals durchsah, um sie in die Hände des Druckers zu geben, als ich erfuhr, dass Männer, welche ich achte, und deren Ansehen über meine Handlungen so viel wie meine Vernunft über meine Gedanken vermag, eine naturwissenschaftliche Ansicht gemissbilligt hatten, welche kürzlich veröffentlicht worden war, obgleich ich vorher in ihr nichts bemerkt hatte, was der Religion oder dem Staate schädlich sein könnte, und was mich an deren Abfassung hätte hindern können, wenn meine Gedanken mich darauf geführt hätten. Dies liess mich fürchten, dass auch in der meinigen sich Stellen finden möchten, wo ich mich getäuscht haben könnte, obgleich ich sorgfältig jede Neuerung von meinem Glauben, für die ich keine Beweise hatte, und Alles, was Anderen zum Nachtheil gereichen könnte, abgehalten hatte.

So änderte ich meinen Entschluss und unterliess die Veröffentlichung. Wenn auch früher starke Gründe dafür sprachen, so habe ich doch von jeher das Handwerk des Büchermachens gehasst, und fand daher leicht andere Gründe zu meiner Entschuldigung. Diese Gründe für und wider sind derart, dass es nicht blos mich interessirt, sie mitzutheilen, sondern viel leicht auch das Publikum, sie zu hören.

Ich habe niemals meine Gedanken sehr hoch gehalten, und hätte ich keinen anderen Nutzen von meiner Methode gehabt, als dass sie mich über manchen schwierigen Punkt in den spekulativen Wissenschaften beruhigt, und dass ich mein Verhalten nach ihr zu regeln gesucht, so hätte ich mich nicht für verpflichtet gehalten, etwas darüber zu schreiben. Denn über das praktische Leben hat Jedermann seine eigenen Gedanken, und es würde so viel Reformatoren wie Köpfe geben, wenn neben denen, welche Gott zu den Oberhäupten der Völker bestellt hat, oder welche er als Propheten mit seiner Gnade und mit Eifer ausgestattet hat, Jeder Veränderungen machen könnte. Obgleich mir also meine Gedanken sehr gefielen, so glaubte ich, dass dies bei den Anderen mit den ihrigen nicht minder der Fall sein werde. Als ich jedoch in der Physik gewisse allgemeine Begriffe gewonnen hatte und bei deren Anwendung auf einige schwierige Fragen ihre Tragweite und ihre Unterschiede von den bis jetzt angewandten Prinzipien bemerkte, so glaubte ich sie nicht zurückhalten zu dürfen, wenn ich nicht gegen das Gesetz verstossen wollte, welches uns das allgemeine Beste zu befördern heisst. Denn mittelst ihrer kann man zu Kenntnissen gelangen, die für das Leben höchst nützlich sind, und anstatt jener in den Schulen gelehrten spekulativen Philosophie eine praktische finden, welche uns die Kraft und Wirkungen des Feuers, des Wassers, der Luft, der Gestirne, des Himmels und aller Körper, die uns umgeben, so genau kennen lehrt, wie wir die verschiedenen Thätigkeiten unserer Handwerker kennen, so dass wir jene ebenso wie diese zu allen passenden Zwecken verwenden und uns so zu dem Herrn und Meister der Natur machen können. Dies ist nicht blos für die Erfindung zahlloser Verfahrungsweisen wünschenswert, die uns die Früchte und Behaglichkeiten der Erde ohne Mühe gewähren würden, sondern auch für die Erhaltung der Gesundheit, die das höchste Gut dieses Lebens und die Grundlage für alle anderen ist. Denn selbst die Seele ist so sehr von dem Zustande und der Verfassung der Organe ihres Körpers abhängig, dass, wenn man ein Mittel, die Menschen klüger und geschickter als bisher zu machen, finden will, man es in der Medizin zu suchen hat. Allerdings enthält die jetzt geübte wenig, was einen solchen bedeutenden Nutzen gewährte, und ich glaube, ohne sie zu verachten, doch, dass Jedermann, selbst von ihren Jüngern, eingestehen wird, wie das, was er von ihr weiss, beinahe Nichts ist im Vergleich zu dem Uebrigen, was er nicht weiss. Man würde sich vor einer Unzahl Krankheiten des Körpers und der Seele schützen und vielleicht selbst die Schwäche des Alters überwinden können, wenn man deren Ursachen und die von der Natur dafür vorgesehenen Mittel hinlänglich kennte. Ich entschloss mich daher, mein ganzes Leben zur Gewinnung einer so nützlichen Wissenschaft zu verwenden, und ich glaube einen Weg entdeckt zu haben, in dessen Fortgang ich sie früher finden werde, wenn nicht die Kürze des Lebens oder der Mangel an genügenden Beobachtungen mich daran hindern sollte. Gegen diese Hindernisse giebt es nun kein besseres Hülfsmittel, als dem Publikum getreu das Wenige, was ich gefunden habe, mitzutheilen und so fähige Köpfe zum weiteren Fortschritt anzuspornen, wobei Jeder nach seiner Neigung und seinem Geschick die erforderlichen Versuche vermehren und dem Publikum alles Ermittelte mittheilen müsste, damit die Späteren da anfangen könnten, wo die Vorgänger aufgehört haben. So würden wir durch die Verbindung des Lebens und der Kräfte Mehrerer zusammen viel weiter gelangen, als es jedem Einzelnen für sich möglich ist.

Diese Versuche werden immer nothwendiger, je mehr man in der Kenntniss vorschreitet. Für den Anfang kann man sich mit den Erfahrungen begnügen, die sich von selbst den Sinnen darbieten, und die uns nicht unbekannt bleiben würden, wenn wir nicht über die Aufsuchung des Seltenen und Schwierigen sie übersähen. Denn die seltenen Ereignisse täuschen oft, wenn man die Ursachen der gewöhnlichen noch nicht kennt, und die Umstände, welche jene bedingen, sind überdies meist so besondere und so kleine, dass man sie schwer bemerkt.

Die Ordnung, welche ich dabei innegehalten habe, war also folgende. Zuerst habe ich im Allgemeinen die Prinzipien oder die ersten Ursachen von Allem, was in der Welt ist oder sein kann, zu finden gesucht. Ich setzte dabei nur Gott, der sie geschaffen hat, voraus und entwickelte Alles nur aus jenem Samen der Wahrheit, welcher von Natur in unsere Seele gelegt ist.

Demnächst habe ich gefragt: Welches sind die ersten und gewöhnlichsten Wirkungen, die aus diesen Ursachen abgeleitet werden können? Dadurch habe ich die Himmel, die Gestirne, eine Erde und auf dieser das Wasser, die Luft, das Feuer, die Mineralien und Anderes gefunden, was das Einfachste und Bekannteste und deshalb auch am leichtesten zu erkennen ist. Als ich dann zu den verwickelteren Gegenständen fortschreiten wollte, stellten sich mir so mannichfache dar, dass der menschliche Geist nach meiner Ansicht die Gestalten und Arten der vorhandenen von unzähligen anderen, die, wenn Gott es gewollt hätte, auch vorhanden sein könnten, nicht unterscheiden noch einen Anhalt über deren Nutzen für uns entnehmen kann, wenn man nicht von den Wirkungen auf die Ursachen zurückgeht und verschiedene Versuche zu Hülfe nimmt. Indem ich in Folge dessen in meinem Geiste alle Dinge, die sich je meinen Sinnen dargestellt hatten, durchging, war ich im Stande, jedes aus den von mir gefundenen Prinzipien bequem abzuleiten. Allein ich muss auch anerkennen, dass die Macht der Natur so weit und umfassend, und diese Prinzipien so einfach und allgemein sind, dass es keine besondere Wirkung giebt, die nicht in verschiedener Weise daraus abgeleitet werden könnte, und dass die grösste Schwierigkeit meist in der Ableitung der bestimmten Formen besteht. Ich weiss hierfür kein anderes Hülfsmittel, als Versuche anzustellen, deren Ergebnisse sich nach Verschiedenheit dieser Formen verschieden herausstellen. Ich bin jetzt so weit, dass ich die Gesichtspunkte kenne, nach denen die dazu dienlichen Versuche in der Regel anzustellen sind; allein sie sind auch solcher Art und Anzahl, dass weder meine Hände noch meine Mittel, und wären sie tausendfach grösser, dazu hinreichen würden. Ich kann deshalb auch nur nach der Zahl der von mir vollführbaren Versuche in der Naturkenntniss vorschreiten. Dies war es, was ich in der fraglichen Abhandlung darlegen wollte; es lag mir daran, den für das Allgemeine daraus hervorgehenden Nutzen so klar zu zeigen, dass Alle, welche das Beste für die Menschheit erstreben, d. h. Alle, die tugendhaft sind und es nicht blos scheinen oder nur in ihren Gedanken sein wollen, mir ihre Ergebnisse mittheilen und mir helfen müssten, die noch erforderlichen Versuche zu unternehmen.

Allein seitdem haben andere Gründe mich meine Ansicht ändern lassen und mich bestimmt, zunächst nur getreulich in der Niederschreibung aller wichtigen Dinge fortzufahren, deren Wahrheit ich ermittelte, und dabei ebenso sorgfältig zu verfahren, als ob ich sie durch den Druck veröffentlichen wollte. Denn dies nöthigt mich zu einer sorgfältigeren Prüfung, da man Alles genauer ansieht, was von Mehreren gesehen werden soll, und was man nicht für sich behält; auch hält man oft Dinge bei dem Beginn der Arbeit für wahr, deren Unwahrheit man dann bei dem Niederschreiben bemerkt. Auch wollte ich keine Gelegenheit vorübergehen lassen, und sollten meine Schriften etwas werth sein, so kann auch nach meinem Tode der angemessene Gebrauch von ihnen gemacht werden; aber ich mochte sie in keinem Falle bei Lebzeiten veröffentlichen, damit weder die dadurch veranlassten Entgegnungen und Streitigkeiten, noch der etwa daraus für mich hervorgehende Ruhm mir die Zeit für meine eigene Belehrung beschränkten. Denn so wahr es ist, dass Jedermann nach Möglichkeit das Beste Anderer befördern soll, und dass Der nichts werth ist, der Niemand nützt, so ist es doch gleich wahr, dass unsere Fürsorge sich über die Gegenwart hinaus erstrecken muss, und dass man besser Manches unterlässt, was vielleicht den Lebenden einigen Nutzen bringt, wenn man dafür Anderes zu Stande bringt, was unseren Nachkommen grössere Vortheile gewährt. Jeder soll wissen, dass das Wenige, was ich bisher gelernt habe, nichts ist in Vergleich zu dem, was ich nicht weiss, und was zu erlernen ich noch nicht verzweifle. Denn es verhält sich mit denen, welche nach und nach die Wahrheit in den Wissenschaften entdecken, wie mit den reich gewordenen Leuten, welche nun grosse Gewinne leichter machen, als früher kleine, wo sie noch arm waren. Oder man kann sie auch mit Heerführern vergleichen, deren Truppen mit ihren Siegen wachsen, und die nach dem Verlust einer Schlacht schwerer sich selbst aufrecht erhalten können, als sie nach dem Gewinn einer solchen Städte und Provinzen erobern. Denn man kämpft wahrhaft Schlachten, wenn man die Schwierigkeiten und Abwege zu beseitigen sucht, die der Erlangung der Wahrheit entgegenstehen, und es heisst eine Schlacht verlieren, wenn man bei einem allgemeinen und wichtigen Punkte in eine falsche Meinung geräth; man braucht dann viel mehr Geschicklichkeit, um in den alten Stand zurückzukehren, als um grosse Fortschritte zu machen, wenn man schon wohlbegründete Prinzipien hat.

Wenn ich einige Wahrheiten in den Wissenschaften aufgefunden habe (und ich hoffe, der Inhalt dieses Werkes wird dies beweisen), so ist dies nur in Folge und in Abhängigkeit von fünf oder sechs von mir gelösten schwierigen Fragen geschehen, welche Lösungen ich für so viel Siege zähle, wo das Glück mir günstig war; ich scheue mich aber nicht, zu sagen, dass ich nur noch zwei oder drei ähnliche zu gewinnen brauche, um an das Ziel meines Strebens zu gelangen, und dass mein Alter noch nicht so vorgerückt ist, um nicht nach dem gewöhnlichen Lauf der Natur die genügende Musse für die Ausführung dessen mir zu gewähren. Ich muss aber mit der mir noch übrigen Zeit um so sparsamer sein, je mehr ich hoffe, sie gut anwenden zu können, und ich würde unzweifelhaft viel Zeit verlieren, wenn ich die Grundlagen meiner Physik veröffentliche. Denn sie sind zwar so überzeugend, dass man sie nur zu hören braucht, um ihnen beizutreten, und dass ich sie Jedermann beweisen kann, allein sie können unmöglich mit den mannichfachen Ansichten Anderer stimmen, und ich würde deshalb durch die hervorgerufenen Entgegnungen oft an meiner Aufgabe gehindert werden.

Man könnte zwar sagen, diese Entgegnungen würden ihren Nutzen haben; sie würden mich meine Fehler erkennen lassen, und es würde das von mir gewonnene Gute die Kenntnisse der Anderen vermehren. Auch würden, da Viele mehr sehen als ein Einzelner, Jene in Benutzung des von mir Gefundenen mir wieder mit ihren Entdeckungen zu Hülfe kommen. Ich erkenne nun gern an, dass ich mich irren kann, und dass ich mich nie auf das verlasse, was mir zuerst in die Gedanken kommt; allein Erfahrungen, welche ich über die zu erwartenden Entgegnungen bereits gemacht habe, lassen mich davon keinen Vortheil erwarten. Denn ich habe schon öfter die Urtheile geprüft, die theils von meinen Freunden, theils von Unparteiischen und selbst von Solchen kamen, deren Bosheit und Neid Alles aufsuchte, was meine Freunde etwa übersehen hatten; aber selten habe ich Etwas darin gefunden, was ich nicht vorausgesehen gehabt, oder was nicht von der Sache weit abgelegen hätte. So habe ich selten Jemand getroffen, der mich mehr streng oder weniger billig beurtheilt hätte, als ich es schon selbst gethan. Auch habe ich nicht bemerkt, dass durch die in den Schulen gepflegten Disputationen eine unbekannte Wahrheit entdeckt worden wäre. Indem dabei Jeder nur auf seinen Sieg bedacht ist, benutzt man mehr das Wahrscheinliche, als dass man das Gewicht der Gründe für und wider erwägt, und wer lange ein guter Advokat gewesen, ist deshalb nachher noch kein guter Richter.

Selbst der Nutzen, welchen Andere aus der Mittheilung meiner Gedanken ziehen könnten, würde nicht erheblich sein, da sie noch nicht so ausgeführt sind, dass vor ihrem Gebrauche nicht noch Manches hinzugefügt werden müsste, wofür Niemand besser als ich selbst geeignet ist. Denn Andere können wohl viel klüger als ich sein, aber man begreift die von einem Anderen mitgetheilten Sachen nicht so gut und nimmt sie nicht so in sich auf, als was man selbst entdeckt hat. Dies ist in diesen Dingen so wahr, dass ich oft einzelne meiner Ansichten klugen Leuten dargelegt habe, die dabei Alles gut zu fassen schienen; allein wenn sie sie wiederholten, hatten sie sie meist so verändert, dass ich sie nicht mehr für die meinigen anerkennen konnte. Ich bitte deshalb bei dieser Gelegenheit, meinem Enkel bei Dingen, die angeblich von mir herrühren sollen, es nur zu glauben, wenn ich sie selbst bekannt gemacht habe. Ich wundere mich deshalb auch über all die Sonderbarkeiten nicht, die man von alten Philosophen, deren Schriften wir nicht mehr besitzen, berichtet, und halte deshalb ihre Lehren nicht für verkehrt; denn sie waren vielleicht die besten Geister ihrer Zeit, und wir sind nur schlecht über sie unterrichtet. Deshalb hat auch selten einer ihrer Schüler sie übertroffen, und ich bin überzeugt, dass die, welche gegenwärtig die leidenschaftlichsten Anhänger des Aristoteles sind, sich glücklich schätzen würden, wenn sie seine Naturkenntnisse besässen, selbst unter der Bedingung, dass sie niemals mehr davon erlangen sollten. Solche Leute gleichen den Schlingpflanzen, die nicht höher streben als der Baum, der sie hält, und die oft, wenn sie den Gipfel erreicht haben, wieder herabsteigen, d. h. die dann oft weniger wissen, als wenn sie sich von dem Studium ganz fern gehalten hätten; denn sie begnügen sich nicht mit dem, was von ihrem Lehrer deutlich gesagt worden ist, sondern suchen auch die Lösung von Fragen bei ihm, wovon er nichts gesagt, und an die er vielleicht gar nicht gedacht hat. Jedenfalls ist diese Art zu philosophiren für mittelmässige Köpfe sehr bequem; denn mittelst der Dunkelheit der von ihnen gebrauchten Unterscheidungen und Prinzipien können sie von Allem so dreist sprechen, als ob sie es verständen, und ihre Behauptungen gegen die feinsten und geschicktesten Gegner aufrecht erhalten, ohne dass sie zu überführen sind. Sie gleichen hierin einem Blinden, der, um sich mit einem Sehenden ohne Nachtheil schlagen zu können, ihn in die Tiefe einer dunkeln Höhle lockt, und ich kann sagen, sie haben ein Interesse dabei, dass ich die Grundsätze meiner Philosophie nicht veröffentliche; denn bei deren Einfachheit und Klarheit wäre es ebenso, als ob ich die Fenster öffnete und Licht in diese Höhle fallen liesse, in die sie zum Kampfe hinabgestiegen sind. Aber selbst die besseren Köpfe haben keinen Grund, sich die Kenntniss derselben zu wünschen; denn wenn sie lernen wollen, über Alles zu sprechen und als Gelehrte zu gelten, so werden sie dies leichter erreichen, wenn sie sich mit dem Wahrscheinlichen begnügen, was man in jedem Gebiete leicht finden kann, als wenn sie nach der Wahrheit suchen, die nur in einzelnen Dingen sich allmählich offenbart, und die, wenn man über andere Dinge sprechen soll, zu dem offenen Bekenntniss der Unwissenheit nöthigt. Ziehn sie aber die Kenntniss einiger Wahrheiten, wie sie es verdienen, dem eitlen Schein, Alles zu wissen, vor, und wollen sie ein Ziel gleich dem meinigen verfolgen, so brauchen sie von mir nichts mehr zu erfahren, als was ich in dieser Abhandlung gesagt habe. Denn können sie weiter kommen als ich, so werden sie um so eher das auch finden, was ich gefunden habe, und da ich Alles nur in der gehörigen Folge untersucht habe, so ist offenbar das, was ich noch zu entdecken habe, schwieriger und verborgener, als das bisher Gewonnene; es würde ihnen deshalb weniger Vergnügen machen, es von mir als von sich selbst zu lernen. Ueberdem wird die Uebung, welche sie erlangen, wenn sie erst mit dem Leichteren beginnen und allmählich zum Schwereren übergehen, ihnen mehr nützen als alle meine Lehren. Wenigstens würde ich selbst, wenn man mir seit meiner Jugend alle Wahrheiten, deren Beweise ich seitdem gesucht habe, gelehrt hätte, und ich keine Mühe, sie zu erlangen, gehabt hätte, vielleicht nichts weiter gelernt und nie das Geschick und die Leichtigkeit erlangt haben, mit der ich immer neue Wahrheiten in dem Maasse zu finden hoffe, als ich mir Mühe gebe, sie zu suchen. Mit *einem* Wort, wenn es in der Welt ein Werk giebt, das nur von dem gut vollendet werden kann, der es angefangen hat, so ist es das, an welchem ich arbeite.

Allerdings reicht zu allen dabei erforderlichen Versuchen *ein* Mensch allein nicht zu; aber er würde andere Hände als die seinigen dazu nur dann verwenden können, wenn es die von Künstlern oder Leuten wären, die er bezahlen könnte; da die Hoffnung auf Gewinn sie am wirksamsten anspornen würde, Alles, was man ihnen vorschriebe, auf das Genaueste auszuführen. Denn die, welche aus Neugierde oder Wissbegierde sich zur Hülfe anbieten, versprechen meist mehr, als sie halten können, und machen schöne Anfänge, die aber nicht gelingen. Dabei verlangen sie als Lohn die Erklärung schwieriger Punkte oder unnöthige Komplimente und Unterhaltungen, die dem Verfasser die ganze Zeit kosten würden, die er darauf verwenden müsste. Selbst wenn Andere die von ihnen gemachten Versuche ihm mittheilen wollten, was die, welche sie Geheimnisse nennen, schwerlich thun würden, so sind diese Versuche doch meist so mit überflüssigen Nebendingen und Zuthaten vermengt, dass es schwer ist, die darin enthaltene Wahrheit herauszubringen. Dazu kommt, dass die meisten schlecht dargestellt oder falsch sein würden, da die Veranstalter der Versuche immer geneigt sind, sie den Prinzipien entsprechend ausfallen zu machen; so dass, selbst wenn einzelne brauchbar wären, es doch nicht der Zeit verlohnte, sie herauszusuchen. Gäbe es daher auf der Welt Jemand, der die grössten und nützlichsten Dinge für die Menschheit erfinden könnte, und wollten die Anderen ihm dabei zur Erreichung seines Zieles auf alle Weise behülflich sein, so würden sie dies doch nur vermögen, wenn sie die Kosten der nöthigen Versuche trügen und im Uebrigen dafür sorgten, dass seine Musse nicht durch die Zudringlichkeit Anderer gestört würde. Ich dagegen bin nicht so übermüthig, etwas Ausserordentliches zu versprechen, und nicht so eitel, um mir einzubilden, das Publikum interessire sich sehr für meine Pläne; auch habe ich keine so niedere Gesinnung, um von irgend Jemand eine Gunst anzunehmen, die man nicht für verdient halten möchte. Alle diese Erwägungen bestimmten mich vor drei Jahren, die Veröffentlichung der in Arbeit befindlichen Abhandlung zu unterlassen und während meines Lebens auch keine andere von gleicher Allgemeinheit bekannt zu machen, aus der man die Grundlagen meiner Physik entnehmen könnte. Seitdem haben mich indess zwei andere Gründe zur Bekanntmachung einiger besonderen Arbeiten bestimmt, worüber ich hier dem Publikum Rechenschaft zu geben habe. Der erste ist, dass meine frühere Absicht, einige meiner Schriften zu veröffentlichen, nicht unbekannt geblieben war, und nun, wenn ich es unterliesse, dies zu meinem Nachtheil ausgelegt werden könnte. Denn wenn ich auch nicht ehrgeizig bin, sondern den Ruhm eher scheue, weil er der Ruhe schadet, die ich über Alles schätze, so mag ich doch auch meine Handlungen nicht wie ein Unrecht verheimlichen, und ich habe nie Vorsichtsmassregeln gebraucht, um unbekannt zu bleiben, da dies ein Unrecht gegen mich gewesen wäre und mich abermals in der Seelenruhe gestört hätte, die ich suche. Indem ich so mich in der Mitte hielt zwischen dem Streben, bekannt zu werden und unbekannt zu bleiben, ist es gekommen, dass ich doch einigen Ruf erlangt habe, und so glaubte ich wenigstens vor schlechter Nachrede mich schützen zu müssen. Der andere Grund, der mich zu dieser Schrift bestimmt hat, ist, dass ich täglich mehr einsah, wie sehr meine Absicht, mich zu unterrichten, dadurch gehindert wurde, dass ich eine Unzahl Versuche brauche, die ich allein nicht vornehmen kann. Wenn ich mir nun auch nicht schmeichle, dass das Publikum an meinen Plänen grossen Antheil nehmen werde, so will ich doch nicht das Misstrauen gegen mich zu weit treiben, damit nicht die, welche mich überleben, mir vorwerfen könnten, ich hätte ihnen Vieles besser hinterlassen können, als es geschehen, wenn ich nicht verabsäumt hätte, sie über die Art, wie sie meine Absichten unterstützen könnten, zu unterrichten.

Auch habe ich geglaubt, leicht einige Gegenstände ausfinden zu können, die den Streitigkeiten weniger ausgesetzt sind, und die von meinen Prinzipien nicht mehr, als ich wünsche, im Voraus verrathen, aber doch deutlich erkennen lassen, was ich in den Wissenschaften vermag, und was nicht. Ich weiss nicht, ob ich dies erreicht habe, und ich mag nicht das Urtheil Anderer durch die eigene Beurtheilung meiner Schriften bestimmen; aber es würde mich freuen, wenn man sie prüfte; und um dazu mehr Anlass zu geben, bitte ich Alle, die Entgegnungen zu machen haben, sie an meinen Buchhändler zu senden; sobald ich sie von diesem erhalte, werde ich meine Antwort hinzufügen, und so werden die Leser, indem sie Beides vor sich haben, leichter über die Wahrheit entscheiden können. Ich verspreche diese Antworten kurz zu halten und meine Fehler, so bald ich sie erkenne, offen einzugestehen, im anderen Falle aber einfach das zur Vertheidigung meiner Ansichten Erforderliche anzuführen, ohne neue Gegenstände hineinzuziehen und so ohne Ende das Eine mit dem Anderen zu vermengen.

Wenn einige meiner Sätze in dem Beginn der *Dioptrik* und der *Meteore* Bedenken erregen, weil ich sie Voraussetzungen nenne und sie scheinbar nicht beweise, so lese man nur aufmerksam und beharrlich weiter, und ich hoffe, man wird befriedigt sein; denn die Gründe greifen hier so in einander, dass, sowie die letzteren aus den ersteren, als ihren Ursachen, hervor gehen, auch wieder die ersteren durch die letzteren, als durch ihre Wirkungen, bestätigt werden. Auch darf man nicht meinen, ich habe hier den Fehler begangen, welchen die Logiker den Zirkelschluss nennen; denn die Versuche bestätigen die meisten dieser Wirkungen, und die Ursachen, von denen ich sie abgeleitet, dienen weniger zu ihrem Beweis als zu ihrer Erläuterung; im Gegentheil werden sie durch jene bewiesen. Ich habe jene Sätze auch nur Voraussetzungen genannt, weil ich glaube, sie aus den obersten oben dargelegten Wahrheiten ableiten zu können; aber dies habe ich nur gethan, damit Personen, die meinen, in einem Tage das zu verstehen, worüber ein Anderer zwanzig Jahre nachgedacht hat, sobald man ihnen nur zwei oder drei Worte gesagt hat, und die bei ihrem Scharfsinn und ihrer Lebhaftigkeit um so leichter dem Irrthum unterworfen sind, nicht daraus Gelegenheit nehmen, auf das, was sie meine Prinzipien nennen, eine überschwängliche Philosophie zu errichten, und ich dann dafür verantwortlich gemacht werde. Denn die Ansichten, welche ganz meine eigenen sind, brauche ich nicht wegen ihrer Neuheit zu entschuldigen; sieht man die Gründe dafür an, so wird man finden, dass sie so einfach und mit dem gesunden Verstande so übereinstimmend sind, dass sie für weniger ausserordentlich und seltsam als irgend andere über denselben Gegenstand gelten können. Auch rühme ich mich nicht, der erste Entdecker davon zu sein, obgleich ich sie von Niemand erhalten habe; nicht, weil Andere sie bereits ausgesprochen oder nicht ausgesprochen haben, sondern weil die Vernunft mich darauf geführt hat.

Wenn die Mechaniker die in der Dioptrik beschriebene Erfindung nicht gleich ausführen können, so wird man letztere deshalb noch nicht für schlecht erklären können. Denn bei der Geschicklichkeit und Uebung, welche die Anfertigung und Einrichtung der von mir beschriebenen Maschinen erfordert, würde ich mich, obgleich ich dabei nichts übersehen habe, vielmehr ebenso wundern, wenn ihnen dies gleich das erste Mal gelänge, als wenn Jemand in einem Tage auf Grund einer blossen guten Unterweisung das Lautespielen erlernte. Wenn ich französisch, in meiner Muttersprache, und nicht lateinisch, in der Sprache meiner Lehrer, schreibe, so geschieht es in der Hoffnung, dass Leser mit gesundem und unverdorbenem Sinn besser über meine Ansichten urtheilen werden als Leute, die nur auf die alten Bücher schwören. Die, welche Geist mit Gelehrsamkeit verbinden, und die ich mir zu Richtern wünsche, werden hoffentlich keine solche Vorliebe für das Latein haben, dass sie meine Darstellung deshalb nicht lesen mögen, weil sie ihnen in der Muttersprache geboten wird.

Zum Schluss will ich nicht von den Fortschritten sprechen, die ich in den Wissenschaften noch zu machen hoffe, und dem Publikum nichts versprechen, was ich nicht sicher halten kann; aber ich bekenne offen, dass ich entschlossen bin, die noch übrige Zeit meines Lebens nur dem Studium der Natur zu weihen, um daraus zuverlässigere Regeln als die bisherigen für die Medizin ableiten zu können. Meine Neigungen sind jeder anderen Richtung, insbesondere solchen, die dem Einen nicht nützen, ohne dem Anderen zu schaden, so entgegen, dass, selbst wenn die Umstände mich dahin drängten, ich doch keinen Erfolg erreichen würde. Ich erkläre dies hier öffentlich, obgleich ich weiss, dass es nicht zu meinem Ansehen in der Welt beitragen wird. Daran liegt mir jedoch wenig; ich werde immer denen am meisten verpflichtet sein, deren Gunst mich meine Musse ohne Störung genießen lässt, und nicht denen, welche mir die ehrenvollsten Stellen von der Welt anbieten.

*Schluss*

# Editorische Notiz

Die ›Meditationen‹ erschienen zuerst 1641 unter dem Titel ›Meditationes de prima philosophia in que dei existentia et animae immortalis demonstratur‹ in Paris. Die vorliegende Übersetzung stammt von Julius Heinrich von Kirchmann und erschien 1870 in Berlin bei L. Heimann.

Der ›Discours‹ erschien erstmals 1637 unter dem Titel ›Discours de la méthode pour bien conduire sa raison et chercher la vérité dans les sciences‹ in Leiden. Die vorliegende Übersetzung stammt ebenfalls von Julius Heinrich von Kirchmann und erschien 1870 in Berlin bei L. Heimann.

Edition philosophie Magazin (Hg.)
**Immanuel Kant**
**Prolegomena zu einer jeden
künftigen Metaphysik**
Mit Begleittexten vom philosophie Magazin
Band 03556

Edition philosophie Magazin:
Eine exklusive Auswahl zentraler philosophischer Texte.

Das gesamte Programm gibt es unter
www.fischerverlage.de

Edition philosophie Magazin (Hg.)
**Aristoteles**
**Nikomachische Ethik**
Mit Begleittexten vom philosophie Magazin
Band 03554

Edition philosophie Magazin:
Eine exklusive Auswahl zentraler philosophischer Texte.

Das gesamte Programm gibt es unter
www.fischerverlage.de

Edition philosophie Magazin (Hg.)
**Platon**
**Frühe Dialoge**
Mit Begleittexten vom philosophie Magazin
Band 03558

Edition philosophie Magazin:
Eine exklusive Auswahl zentraler philosophischer Texte.

Das gesamte Programm gibt es unter
www.fischerverlage.de

Edition philosophie Magazin (Hg.)
**Michel de Montaigne**
**Essais**
Mit Begleittexten vom philosophie Magazin
Band 03557

Edition philosophie Magazin:
Eine exklusive Auswahl zentraler philosophischer Texte.

Das gesamte Programm gibt es unter
www.fischerverlage.de